宁夏智库丛书

STUDY ON
CONSTRUCTION OF A NEW PATTERN OF
ALL-ROUND OPENING-UP
IN NINGXIA

宁夏构建全面开放新格局研究

宁夏社会科学院 编

黄河出版传媒集团
宁 夏 人 民 出 版 社

图书在版编目(CIP)数据

宁夏构建全面开放新格局研究 / 宁夏社会科学院编. —银川:宁夏人民出版社,2017.12
(宁夏智库丛书)
ISBN 978-7-227-06873-0

Ⅰ.①宁… Ⅱ.①宁… Ⅲ.①区域经济发展—研究—宁夏 Ⅳ.①F127.43

中国版本图书馆 CIP 数据核字(2018)第 019223 号

宁夏智库丛书
宁夏构建全面开放新格局研究　　宁夏社会科学院　编

责任编辑　李彦斌
责任校对　王　艳
封面设计　张　宁
责任印制　肖　艳

黄河出版传媒集团
宁夏人民出版社　出版发行

出 版 人　王杨宝
地　　址　宁夏银川市北京东路 139 号出版大厦(750001)
网　　址　http://www.nxpph.com　http://www.yrpubm.com
网上书店　http://shop126547358.taobao.com　http://www.hh-book.com
电子信箱　nxrmcbs@126.com　renminshe@yrpubm.com
邮购电话　0951-5019391　5052104
经　　销　全国新华书店
印刷装订　宁夏精捷彩色印务有限公司
印刷委托书号　(宁)0008266

开本　880 mm × 1230 mm　1/16
印张　14　　字数　200 千字
版次　2018 年 1 月第 1 版
印次　2018 年 1 月第 1 次印刷
书号　ISBN 978-7-227-06873-0
定价　46.00 元

总 论

张 廉

党的十九大作出了中国特色社会主义进入新时代的重大判断。新时代，标明我国发展新的历史方位。新时代，带来发展新要求、新课题，赋予我们更加艰巨的历史使命。同时，新时代要求我们必须焕发新状态，勇于担当作为，不断创造新业绩，交出发展新答卷，开启发展新征程。

习近平总书记视察宁夏时发出“走好新的长征路”和“社会主义是干出来的”号召，自治区第十二次党代会明确提出努力“实现经济繁荣、民族团结、环境优美、人民富裕，与全国同步建成全面小康社会”的奋斗目标，这既是学习贯彻习近平总书记来宁视察重要讲话精神的具体体现，也是宁夏各族人民的共同意愿。实现新的奋斗目标，必须大力实施“三大战略”，提升发展层次和水平；努力做到“五个扎实推进”，推进全面协调发展；始终保持“振奋精神、实干兴宁”的精神状态和责任担当。以等不起的危机感、慢不得的紧迫感、坐不住的责任感，拿出人一之我十之、人十之我百之的干劲和抓铁有痕、踏石留印的劲头，干在实处、干出实效、干出实绩，确保圆满完成自治区第十二次党代会确定的各项目标任务。

*大力实施“三大战略”，提升发展层次和水平。*党代会报告提出的实施创新驱动战略、脱贫富民战略、生态立区战略，是破解宁夏发展难题、

全面建成小康社会的发力点和突破口，对全局工作具有牵一发而动全身的作用，要把“三大战略”作为一个有机统一的整体，系统把握、统筹推进。

党的十九大报告将创新驱动发展战略确定为我国未来发展的七大战略之一，对宁夏具有很强的针对性和指导性。我们要充分认识欠发达地区创新驱动发展的重要性和紧迫性，按照十九大的部署要求，把实施创新驱动战略作为“三大战略”的第一大战略，把宁夏发展的基点放在创新上，紧紧牵住科技创新这个“牛鼻子”，着力形成以创新为引领的经济体系和发展方式。坚持用创新的思维抓创新，推进思路创新、政策创新、机制创新、环境创新，打造风生水起的创新生态，坚定不移走开放创新之路、特色创新之路，通过创新资源、创新成果合作共享、创新成果转化等方式，不断提升宁夏创新发展水平，“让宁夏成为创新发展新路的探索者，让创新成为宁夏发展最鲜明的时代特征”。

“人民对美好生活的向往，就是我们的奋斗目标。”党的十九大报告指出：“为什么人的问题，是检验一个政党、一个政权性质的试金石。”“必须始终把人民利益摆在至高无上的地位，让改革发展成果更多更公平惠及全体人民，朝着实现全体人民共同富裕不断迈进。”我们发展的最终目的是造福人民，全面建成小康社会最直接的体现是人民富裕。全面小康，是惠及全体人民的小康，是要让人民群众过上更加殷实的生活，享受公平充足的公共服务供给、更可靠的社会保障。自治区第十二次党代会报告明确提出，要“大力实施脱贫富民战略，增强人民群众的获得感和幸福感”。这充分体现了自治区党委贯彻以人民为中心的发展思想，把增进人民福祉、实现人民幸福作为发展的出发点和落脚点的决心。实施脱贫富民战略，这是今后五年我们工作的价值取向和工作导向。要坚决打赢脱贫攻坚战，实施富民工程，加快推进公共服务均等化，实实在在提高人民群众的富裕程度和生活质量，让经济发展成果更多转化为富民成果。

党的十九大报告指出：“人与自然是生命共同体，人类必须尊重自然、顺应自然、保护自然。”宁夏生态环境依然脆弱，资源环境约束趋紧，环境保护任务艰巨。实施生态立区战略，必须深入推进绿色发展，牢固树立绿色发展理念，像保护眼睛一样保护生态环境，像对待生命一样对待生态环境，坚决摒弃损害甚至破坏生态环境的发展模式，坚决摒弃以牺牲生态环境换取一时一地经济增长的做法。把山水林田湖草作为一个生命共同体，统筹实施一体化生态保护和修复，全面提升自然生态系统稳定性和生态服务功能。打造沿黄生态经济带，构筑西北生态安全屏障，铁腕整治环境污染，完善生态文明制度体系，承担起维护西北乃至全国生态安全的重要使命，让宁夏的天更蓝、地更绿、水更美、空气更清新。

努力做到“五个扎实推进”，推进全面协调发展。党代会报告提出的“五个扎实推进”，是实现与全国同步建成全面小康社会奋斗目标的重要任务和重要支撑。

要扎实推进民主法治建设，加快依法治区进程，在创新社会治理、加强平安宁夏建设上下功夫，“让法治成为宁夏未来发展核心竞争力的重要标志”。全面推进依法治区，建设法治宁夏是充分发挥法治引领、规范和保障作用，推动宁夏各项事业发展的必然要求。实践证明，法治的完善不仅是一个区域获得稳步发展的有效保障和必要手段，更是区域整体发展必不可少的组成部分和竞争力之来源。法治宁夏的建设必将使法治真正进入千家万户，内化于民众的日常生活，使人们尊崇法治、人人依循规则、个个讲究诚信成为一种行为习惯、一种素质养成、一种文化氛围，让法治思维和法治方式成为宁夏人生活方式的重要内容。

要扎实推进民族宗教工作，始终高举民族团结旗帜，坚定不移走中国特色解决民族问题的正确道路，坚持民族区域自治制度，巩固和发展民族团结的大好局面；深入开展民族团结进步宣传教育，继承和发扬民族团结优秀历史文化传统，唱响“中华民族一家亲、同心共筑中国梦”的时代主旋律，积极培育中华民族共同体意识，使“三个离不开”“五个认同”思想深深扎根于各族群众心中；积极促进各民族交往交流交融，广泛建立相互嵌入式的社会结构和社区环境，创造各族群众共居、共学、共事、共乐的良好氛围；深化民族团结进步创建活动，打造全国民族团结进步示范区，让民族团结之花开遍宁夏大地，推动民族团结及宗教工作走在全国前列，让民族团结、宗教和顺的名片更加亮丽。

要扎实推进文化繁荣发展，构筑共有精神家园。“文化是民族的血脉，是凝聚人心的精神纽带。”要坚定文化自信、增强文化自觉、促进文化繁荣发展。深入开展中国特色社会主义和中国梦宣传教育，大力弘扬民族精神和时代精神，用社会主义核心价值观引领社会思潮、凝聚社会共识。要牢牢把握正确的政治方向、舆论导向和价值取向，弘扬主旋律、传播正能量，及时解疑释惑、疏导情绪、增进共识，讲好宁夏故事、传播宁夏声音、展示宁夏形象。深入推进文化惠民工程，加快基层公共文化服务体系标准化、均等化建设。大力推进文艺创作，激发文化发展活力，创作和生产更多关注国家命运、反映人民心声、书写时代精神、满足人民群众多层次文化需求的文艺精品。

要扎实推进改革开放，推进全面深化改革取得新突破，推进全方位多层次对外开放，增强发展动力、激发发展活力。要紧密结合宁夏实际，以国家赋予的各项改革试点任务为引领，推动重点领域和关键环节各项改革取得更多实质性成效；以经济体制改革为重点，处理好政府与市场的关系，用行政权力的减法换取市场活力的加法；大力推进“放管服”改革，大力推广“互联网 + 政务”。要主动融入和服务国家发展战略，积极参与“一带一路”建设，构建对外开放新格局。充分发挥中阿博览会的平台作用，用好内陆开放型经济试验区先行先试的政策优势，走出去和引进来相结合，大胆试验、大胆探索，全面提升开放水平，努力打造更具活力的体制机制，拓展更加广阔的发展空间。

要扎实推进全面从严治党，自觉担当起全面从严治党的政治责任。党的十九大报告指出："中国特色社会主义进入新时代，我们党一定要有新气象新作为。打铁必须自身硬。党要团结带领人民进行伟大斗争、推进伟大事业、实现伟大梦想，必须毫不动摇坚持和完善党的领导，毫不动摇把党建设得更加坚强有力。"全区各级党组织要按照党的十九大和习近平总书记视察宁夏时提出的"着力巩固和发展党的执政基础"的要求，按照自治区党委的部署，在"五个提高水平"上狠下功夫。要提高思想政治建设水平，加强理想信念教育，加强理论武装，加强意识形态工作，加强党内政治文化建设；提高党内政治生活水平，严格执行民主集中制，严格党的组织生活，加强党内法规制度建设，严格党内监督；提高各级领导班子和领导干部的素质及能力，树立正确用人导向，选优配强各级领导班子，强化干部教育管理；提高基层党组织建设水平，加强组织建设、基层保障、党员管理；认真履行"两个责任"，把党风廉政建设和反腐败斗争引向深入。着力营造风清气正的政治生态，为全面建成小康社会提供坚强保证。

始终保持"振奋精神、实干兴宁"的精神状态和责任担当。精神状态是境界、能力、作风、素质和责任的综合体现，只有保持良好的精神状态，才能形成攻坚克难、战胜困难的力量源泉和精神动力，才能在困难和挑战面前，主动进取，奋力拼搏，这也是新时代对我们的基本要求。

振奋精神、实干兴宁，必须坚定信心、持之以恒。在实现新的奋斗目标的进程中，不可能一蹴而就、一帆风顺，必然会碰到各种困难和挑战，这就要求我们必须坚定信心、下定决心、保持恒心，以更大的政治勇气和智慧、更有力的措施和办法，全力攻坚克难，在克服困难中赢得主动，在解决矛盾中实现转机。要紧紧围绕既定目标，一刻也不懈怠、一刻也不停顿、一刻也不放松，脚踏实地、真抓实干，切实把责任记在心头、把担子扛在肩上、把工作抓在手上。在干事创业中始终保持一种咬定青山不放松、不达目的不罢休的劲头。要不断强化自治区党委、政府决策部署的执行力和落实力，切实强化"一盘棋"的大局意识，把本单位、本部门、本系统、本行业的工作放在自治区经济社会发展的大局中来认识、来把握、来部署、来落实。用豪情和毅力促进发展，用行动和实干实现理想。

振奋精神、实干兴宁，必须真抓实干、担当尽责。振奋精神、实干兴宁，始于作风，源于担当，贵在尽责，重在落实。实现新的奋斗目标，必须苦干实干加巧干。“苦干”意味着要“苦”字当头，不畏艰难，也意味着要下更大的决心和付出更多的努力。作为一种精神状态，苦干必须始终保持知难而进、迎难而上、锲而不舍的韧劲，保持顽强拼搏、勇往直前、奋发图强的拼劲，敢于硬碰硬，敢于啃硬骨头，在攻坚克难中不断破解改革中的难题、闯出发展的新路。“实干”是工作态度的反映，实干必须脚踏实地、心无旁骛地把心思集中在想干事上，把责任体现在敢干事上，把才气展现在会干事上，把目标落实到干成事上。注重一切从实际出发，察实情、讲实话、办实事、求实效，以扎实过硬的作风，确保各项目标任务落到实处，取得实绩。“巧干”是工作能力的具体体现，巧干就是要求我们办事不盲从、不机械，坚持统筹兼顾，深谋远虑，在自觉按客观规律办事的基础上，用新眼光观察问题，从新角度提出问题，用新思路分析问题，用新方法解决问题。要通过苦干实干加巧干，扎扎实实作出增强竞争力的大事、增进百姓福祉的业绩，确保自治区第十二次党代会确定的目标任务落到实处。

振奋精神、实干兴宁，必须奋发有为、满怀激情。宁夏要与全国同步建成全面小康社会，靠的是综合实力，赢的是精神状态。习近平总书记视察宁夏时强调：“推进中国特色社会主义事业的新长征要持续接力、长期进行，我们每代人都要走好自己的长征路。”当前，新一轮科技革命、产业变革和我国加快转变经济发展方式、全面推进“一带一路”建设为宁夏发展带来了新的历史性机遇，同时也面临着在创新发展大潮中与东部发达地区发展差距进一步拉大的严峻挑战，面临着发展不足与生态脆弱的双重压力，面临着扩大总量与提升质量的双重任务，面临着培育竞争优势与补齐发展短板的双重难题。这就要求我们必须始终保持奋发有为的干事激情，大力弘扬“不到长城非好汉”的精神，走好新的长征路，不管前进的路途有多少艰难险阻，都要敢于闯关夺隘、攻城拔寨，敢于排除万难、夺取胜利，以“革命理想高于天” 的执着追求和“红军不怕远征难，万水千山只等闲”的豪情壮志，牢牢把握发展主动权，在新的历史起点上奋力前行。

新的目标鼓舞人心、新的起点前景广阔、新的征程催人奋进，我们要不忘初心，牢记使命，以更加奋发有为的精神状态、扎实干事的过硬作风、勇于担当的时代责任，认真贯彻落实党的十九大精神和自治区第十二次党代会精神，在实现经济繁荣、民族团结、环境优美、人民富裕，与全国同步建成全面小康社会的目标中，续写新的篇章，创造新的辉煌。

（作者系宁夏社会科学院院长）

目 录

宁夏构建全面开放新格局研究

段庆林

党的十九大报告提出“推动形成全面开放新格局”，宁夏第十二次党代会提出“推进全方位多层次对外开放”，深入贯彻中央“一带一路”倡议，打造丝绸之路经济带战略支点，正确评估宁夏内陆开放型经济试验区的经验与教训，务实办好中阿博览会，并积极推动形成全面开放新格局，具有重要意义。

一、宁夏全面开放的背景分析

（一）近十多年来中国经济增长模式

改革开放以来，中国的高速增长依赖于它独有的增长模式，其增长模式又源于它的体制机制。中国经济增长有两条相互关联的主线：一条主线是以对外贸易和引进外资带动的出口导向型经济；另一条主线是与城市化相联系的、俗称“房车路”和“铁公基”的大规模开发建设，即房地产、城市基础设施及相关上游产业（资源开采、原材料等）的投资和生产[①]。我

作者简介：段庆林，宁夏社会科学院副院长，研究员。主要研究方向为“一带一路”、内陆开放型经济、中阿经贸关系、中国农村经济、西北区域经济、宁夏经济社会重大发展战略研究等。

①袁绪程：《关于中国未来十年改革的总体意见》，爱思想网。

们认为过去中国经济主要依靠沿海外向型经济模式、重工业发展模式、城市化发展模式三大增长机制。

中国十多年来经济高速增长，关键点是投资和贸易的双顺差及外汇占款带来的货币膨胀，正是沿海外向型经济模式和中西部重工业发展模式创造的流动性过剩，双顺差带来了巨额外汇占款和货币超发，启动和支撑了城市化发展模式的运转，即提供了必需的廉价而又富余的货币。巨大而又廉价的货币与资源的资本化结合起来，共同创造了 GDP 高速增长的神话。

沿海外向型经济模式以发达国家特别是欧美市场繁荣为前提，随着欧美金融危机和债务危机的发生，对中国产品需求大幅度减少。特别是近年来国内劳动力、土地等要素成本大幅度上涨，中国制造业的成本优势逐步丧失。其弊病主要是过度消耗资源、破坏生态环境等。沿海地区实施“腾笼换鸟”措施，加快产业转型升级。

我国于 2003 年开始掀起重工业浪潮，各地纷纷发展重工业。2008 年美国金融危机后，我国以四万亿元投资刺激经济。2012 年，钢铁、水泥等重工业产能过剩，经济减速对煤炭、电力的需求减少。十多年来，政府大规模投资于基础设施，加上房地产业畸形发展，特别是加入世界贸易组织（TWO）以后外贸大量增加，带动了重工业发展。中西部地区主要把资源优势转化为经济优势，发展能源、原材料及初加工等特色优势产业。

我国目前城市化模式，以低价征用农村土地为始，以房地产价格暴涨为果，土地城市化成为人的城市化的主要制约因素，城乡收入差距、居民财富差距迅速扩大。在通货膨胀预期下，房地产成为保值增值的手段，房地产泡沫使银行业和地方融资平台风险剧增。房地产业早已绑架中国经济，银行将流动资金更多地发放给过热的基础设施建设和房地产业，而实体经济面临资金缺乏、资金成本上升等压力，严重打击实体经济。

我国已经进入经济新常态，传统增长模式已经不可持续，开始从要素驱动、投资驱动迈向创新驱动的新阶段，应该实施创新驱动战略，转变经济发展方式，推进经济结构战略性调整。应将宁夏内陆开放型经济试验区与“四化”结合起来，促进产业转型升级，提高经济增长的质量与效益，打造宁夏经济升级版。

（二）我国开放型经济格局

开放型经济是各种生产要素、商品与服务可以较自由地跨国界流动，充分发挥比较优势，参与国际分工，从而实现最优资源配置和最高经济效率的经济形态。

我国开放历程简述如下。

一是我国从 1979 年开始实施沿海开放战略，到 1992 年开始沿边开放战略，2007 年重庆市提出内陆开放型经济概念，2012 年国务院批准建设宁夏内陆开放型经济试验区和银川保税区，2016 年 8 月国务院批复同意设立贵州内陆开放型经济试验区。目前，全国已经形成了全方位、多层次、宽领域开放格局。

二是我国从 2000 年开始实施中国企业“走出去”战略，特别是近年来企业走出去步伐加快，将对外开放战略从以“引进来”为主转变为“引进来”与“走出去”相结合的新阶段，增强企业国际化经营能力，中国海外投资从欧美、亚洲等地区扩散到“一带一路”沿线及非洲、拉美等地区。

三是坚持出口和进口并重，改变注重出口创汇的导向，推动对外贸易平衡发展，形成以技术、品牌、质量和服务为核心的出口竞争新优势。

四是加快实施自由贸易区战略。全国目前经国务院批准设立的综合保税区有 46 家。2013 年 9 月，国务院批复成立中国（上海）自由贸易区试验区。2015 年 4 月，批复成立天津、福建、广东三个自由贸易试验区。2017 年 3 月，批复成立辽宁、浙江、河南、湖北、重庆、四川、陕西等七个自由贸易试验区。积极探索贸易投资便利化政策。

五是地方政府主导的国际区域合作。我国还出现了一种地方战略中央化的趋势，其中在对外开放领域，陆续形成了广西的中国—东盟博览会、吉林的中国—东北亚博览会、新疆的中国—亚欧博览会、宁夏的中阿博览会、云南的中国—南亚博览会等五大平台。其中，宁夏中阿博览会是五大国际区域合作中唯一一个内陆开放的平台，其他四个都是沿边开放的平台。

六是“一带一路”愿景与行动。随着新兴市场和发展中国家群体性崛起，中国在全球经济治理体系中的话语权显著提升。2013 年以来，习近平总书记提出共建丝绸之路经济带和 21 世纪海上丝绸之路。“一带一路”愿景旨在与沿线国家和地区共同打造政治互信、经济融合、文化包容的利益共同体、命运共同体和责任共同体。在坚持全方位对外开放基础上，适应了全球经济区域一体化新趋势，是我国对外开放重大政策调整。

目前，世界新技术革命和产业革命蓄势待发，国际经济仍然没有走出亚健康和弱增长的调整期，我国必须加快转换增长动能，加快培育竞争新优势。党的十九大报告提出推动形成全面开放新格局，全面开放既包括开放范围扩大、领域拓宽、层次加深，也包括开放方式创新、布局优化、质量提升等。新格局主要体现在一是以“一带一路”为重点，二是坚持引进来和走出去并重，三是培育贸易新业态新模式，四是实行高水平的贸易和投资自由化便利化政策，五是优化区域开放布局，六是创新对外投资方式。

宁夏经济正处于建设内陆开放型经济过程之中，地处内陆地区的宁夏在沿海开放和沿边开放两次浪潮中都因区位劣势而发展缓慢，在全国和国际分工中处于较低层次。必须坚持全面开放和全方位开放。

二、宁夏全面开放总体思路分析

2015 年 7 月，自治区第十一届委员会第六次全体会议审议通过了《关于加快开放宁夏建设的意见》。全会充分肯定了改革开放以来特别是近年来宁夏扩大开放取得的成效，指出了当前和今后加快开放宁夏建设的总体要求，要把宁夏打造成中阿合作的先行区、内陆开放的示范区、丝绸之路经济带的战略支点。

2017 年 6 月，自治区第十二次党代会提出推进全方位多层次对外开放，积极参与“一带一路”建设，着力打造丝绸之路经济带战略支点，构建对内对外开放新格局。

所谓战略支点，就是其重要性不是来自它们的力量和动机，而是来自它们具有的优势、所处的敏感地理位置及其潜在的变化状态，对国家地缘战略的影响。宁夏应该打造丝绸之路经济带的四大战略支点。其中，两大政策支点：（1）宁夏内陆开放型经济试验区。这是中央给予宁夏内陆开放先行先试的重要使命。（2）中阿博览会。两大区域支点：（1）沿黄经济区。沿黄经济区是丝绸之路经济带咽喉地区，以宁夏沿黄经济区的区位优势，打造西部地区转型发展先行区。（2）中南部地区脱贫攻坚。固原作为古丝绸之路重镇，西海固作为开发式扶贫发源地之一，重点打造全国脱贫攻坚示范区。

内陆开放是促进内陆地区融入全球经济的开放模式，可以促进内陆地区变区位劣势为地缘优势，变内陆劣势为中心优势。2012 年，国务院批准的《宁夏内陆开放型经济试验区规划》(以下简称《规划》)，对宁夏试验区的定位是：“国家向西开放的战略高地、国家重要的能源化工基地、承接产业转移的示范区。”这是一个全方位开放的定位，但并没有从内陆视角出发制定详细实施战略。宁夏内陆开放型经济试验区成立于党的十八大之前，目前《规划》一些内容已经有与“一带一路”倡议、当前国际国内经济形势及宁夏发展实际不相适应之处，目前应该尽快修订《规划》，更加适应“一带一路”和全面开放需要。

宁夏从 2010—2012 年举办三届中阿经贸论坛，2013 年、2015 年、2017 年举办三届中阿博览会，促进了中国与阿拉伯国家共建“一带一路”。但宁夏参与中阿经贸合作缺乏区位优势，产业互补性也不足。宁夏已经在沙特、阿曼、毛利塔利亚等国家建立境外产业园区，应该稳妥地推进对外开放。

2008 年，欧美发达国家陷入国际金融危机，甚至出现逆全球化的倾向，对中国经济打击较大。宁夏从 2010 年开始重视对外开放可以说是生不逢时。面对国际国内形势变化，中央更加注重供给侧结构性改革，注重“炼内功”。宁夏缺乏外向型产业体系，“与其临渊羡鱼，不如退而结网”。应该坚持改革开放大方向，更加注重创新驱动、脱贫富民、生态立区等区内经济发展问题，对具体开放方向和开放模式进行必要的调整，更加重视对内开放，面向发达国家、沿海地区承接产业转移，努力通过全方位开放融入国际现代经济体系。

三、宁夏对外开放战略方向：从向西开放、内陆开放到全面开放

宁夏于 1980 年代中期提出充分利用宁夏比较优势向西开放。1990 年代初实施了“宁夏—沿海—海外”“三点一线”的对外开放战略，更加注重利用海洋运输融入国际经济体系。

2008 年，国务院颁布《关于进一步促进宁夏经济社会发展的若干意见》，提出宁夏要发展内陆开放型经济。2009 年，自治区发改委组织宁夏部分专家开展了对宁夏内陆开放型经济问题的研究，其基本结论是：大力发展与阿拉伯国家的经贸交流是宁夏内陆开放型经济发展战略的重点。笔者称之为宁夏内陆开放型经济试验区建设的向西开放战略导向。

2010 年，中国社会科学院工业经济研究所和宁夏社会科学院联合课题组撰写的《宁夏内陆开放型经济发展规划研究》，段庆林的《关于宁夏“十二五”规划的几个重大发展战略问题研究》，是宁夏内陆开放型经济研究中最早主张全方位开放的两篇报告。

宁夏内陆开放型经济试验区，首先应该以内陆开放为视角，内陆开放试验区不谈内陆开放问题，仅仅考虑向西开放，是偏颇的。应该利用世界银行提出的密度、距离、分割三大经济地理特征的分析框架，从“内陆”

入手来寻找克服开放劣势的途径。笔者把这种观点称之为宁夏内陆开放型经济试验区的内陆开放战略导向。内陆开放战略不是仅仅强调向西开放，而是强调全方位开放，更强调全面开放；强调内陆视角，从解决制约内陆地区的主要因素入手，以问题导向来推动宁夏全面开放。

党的十九大报告指出，推动形成全面开放新格局，形成陆海内外联动、东西双向互济的开放格局。我们认为宁夏内陆开放型经济是全方位开放经济，其开放战略是内陆开放、对内开放、向西开放的有机结合。向西开放主要是从优势视角的分析，内陆开放导向主要是从劣势视角的分析，对内开放更加注重产业基础及其分工，应该全面分析宁夏内陆开放型经济试验区的优势与劣势，走全方位开放道路。党的十九大提出的“全面开放内涵丰富，既包括开放范围扩大、领域拓宽、层次加深，也包括开放创新、布局优化、质量提升”①。宁夏对内对外开放，应该从向西开放、内陆开放向全面开放跨越。

四、宁夏对外开放的理论思考

建立开放宁夏，首先要回答“向谁开放”“开放什么”“如何开放”等问题。

（一）市场决定宁夏向哪里开放：全方位开放，还是向西开放？

与哪些国家做贸易，受国际政治和经济等诸多因素影响。但分工及其比较利益是国际贸易的基础，充分发挥市场在资源配置中的决定性作用。不能单纯把中阿经贸合作作为政治任务来做，应由市场来决定宁夏向哪里开放。

宁夏必须坚持全方位开放方针。充分利用国际国内两种资源两个市场，加快转变对外经济发展方式，推动开放朝着优化结构、拓展深度、提

①汪洋：《推动形成全面开放新格局》，《党的十九大报告辅导读本》，人民出版社，2017年。

高效益方向转变。不能一说宁夏内陆开放型经济，就是向西开放；向西开放是宁夏全方位开放中的特色，我们应该慎言宁夏重点面向哪个地区开放，因为市场经济中客户越多越好。以宁夏所能、尽中阿所需，是发挥宁夏优势、争取政策资源的策略，不能反而作茧自缚。

向西开放主要包括丝绸之路经济带战略支点和中阿经贸合作等。宁夏建设丝绸之路经济带战略支点适合把互联互通作为前期重点。中阿博览会议程中应该强化中阿贸易投资便利化谈判力度。应多与一些中亚、东南亚、中东、非洲、南美洲等地区的欠发达国家做货物贸易，以及产能合作与企业走出去。多与美国、欧洲、日本、韩国等发达国家和地区以及海合会国家开展高新技术贸易、现代服务贸易。

（二）宁夏开放什么？

开放什么是系统工程，“一带一路”的内涵主要是“五通三同”①，在“一带一路”规划中，西北地区的主要任务是，发挥区位优势，形成面向中亚、南亚、西亚等国家的通道、商贸物流枢纽、重要产业和人文交流基地。

我国正在扩大对外开放领域，进一步促进一般制造业开放，推进服务业领域有序开放。宁夏必须充分尊重国际贸易、跨国投资等经济规律。在中阿共建“一带一路”“1+2+3”合作格局中，宁夏应该在基础设施建设、贸易投资便利化两翼，中阿金融、新能源以及企业走出去等方面下功夫。把服务贸易作为中阿经贸合作的突破口。有序推进金融、教育、文化、医疗、商贸、服务外包等服务领域对外开放。

（三）宁夏如何开放？既要充分发挥比较优势，也要重视化解内陆的劣势

宁夏对外开放具有一定的区位优势、人文优势、能源优势、农业优势、旅游优势、政策优势等，在一定程度反映出宁夏区情的特点。充分发

①“五通”是政策沟通、设施联通、贸易畅通、资金融通、民心相通。“三同”是利益共同体、命运共同体和责任共同体。

挥比较优势，是从事国际经贸合作的基础。然而，以优势为出发点的对外开放并未取得显著成绩。

宁夏是内陆开放型经济试验区，应该重点关注“内陆”开放问题，宁夏对外开放面临着经济密度小、运输距离远、市场分割三大劣势。经济密度小严重制约外商直接投资，宁夏招商引资绝大多数是得力于能源优势，充分发挥沿黄经济区的整体竞争优势，尤其是提高银川都市圈等城市规模效应，都是弥补密度问题的重要举措。宁夏无论向西开放还是向东开放，其实都不具有区位优势，对阿拉伯国家贸易尤其不具有区位优势，建设空中和网上丝绸之路，是规避距离劣势的重要措施。市场分割，更是国际贸易普遍存在的壁垒。

在充分发挥比较优势的同时，积极克服内陆劣势，从优势和劣势两方面辩证地看待开放问题，尊重国际经济规律，是我们应有的态度。

宁夏举办中阿经贸论坛已经七年之余，建设宁夏内陆开放型经济试验区也已经实施了五年之久，因此，必须适应新形势变化需要，更加注重构建全面开放新格局。

五、宁夏内陆开放格局分析

先进地区的密度，落后地区的距离，落后地区是因距离经济密度区太远而无力吸引投资和劳动力的地区。宁夏内陆开放战略，应该实施“1+3+2”的任务框架。“1”是打造一个外向型产业体系，“3”是构建内陆开放型经济核心区、努力缩短经济距离、切实破解市场分割等三大破解之道，“2”是做好建设综合保税区和开放式扶贫两大干预措施。

构建外向型产业体系。宁夏是一个以国内市场导向为主的地区，缺乏外向型产业体系。要培育面向国内和国际的外向型产业体系。一是加强特色优势产业供应链管理。应该加强新型煤化工、现代纺织业、新材料、新能源、高端装备制造业、生物医药、农产品加工业七大特色优势产业供应链管理，把承接产业转移作为重点。加强产业链招商，形成产业集群发展。二是迎接第三次工业革命。积极发展新一代信息产业，加快两化融合。

打造宁夏经济核心区。建设经济核心区，是提高区域密度的重要举措。一是充分重视沿黄经济区作为宁夏内陆开放型经济试验区核心区的地位。未来的区域竞争是城市群之间的竞争，应该充分发挥沿黄经济区作为整体的竞争优势和产业承载能力。二是进一步优化沿黄经济区和清水河发展带产业布局。三是加强银川都市圈及新型城镇化建设。移民是缩短距离最自然的方式，应该加快宁夏区域城乡一体化发展。四是积极发展地方化经济和城市化经济。沿黄城市群应该以实体经济为主，而银川都市圈应该以高新技术和现代服务业为主。

努力缩短经济距离。内陆地区运输距离远、运输成本高，改善经济增长的前景在很大程度上取决于缩短经济距离。运输成本的降低会密切毗邻地区的贸易关系。高铁建设将大大缩短宁夏与西安、兰州、北京等地的交通运输时间，规模经济将取代自然禀赋差别，日益成为贸易的基础。宁夏与周边地区的劳动力流动、旅游客流等将大幅度增加，与周边地区的煤化工等产业竞争则会加剧。贸易的地方化遥遥领先于全球化，加强与西北周边地区、与全国其他地区、与中亚等周边国家的贸易，显得非常重要。宁夏应该尽快改善与周边地区互联互通条件，融入国际大通道，并完善物流体系及园区功能。

切实破解市场分割。市场分割可以划分为国际市场分割、国内市场分割等。参与国际贸易最大的障碍来自贸易壁垒。必须创新开放模式，降低交易费用。一是实行全方位开放政策。建立内陆地区与沿海、沿边地区相互协调的大通关机制。加强与中亚地区在生态纺织业、旅游、农业、能源等方面的合作。二是放宽投资准入。继续扩大开放领域，有序推进金融、教育、文化、医疗、商贸、物流等服务业领域开放，进一步推进一般制造业开放，积极探索服务贸易新形式。三是加快企业走出去步伐。

建设银川综合保税区。建设综合保税区，应该创新加工贸易模式。内陆地区发展加工贸易则物流成本极高，可以一头在内一头在外，形成有利于内陆产业集群发展的体制机制。加快实施高水平的自由贸易区战略，借鉴复制上海自贸区经验，争取建立内陆自由贸易园区，促进银川综合保税区从“境内关内”向“境内关外”转型。

建设开放式扶贫试验区。实施脱贫富民战略，使用干预措施解决集中连片特困地区扶贫攻坚问题，必须坚持开发式扶贫方针，并更多地采取开放式扶贫大思路，开展精准扶贫，积极推动产业扶贫、金融扶贫、旅游扶贫、生态扶贫等进程。继续加强闽宁合作，积极承接产业转移，发展特色优势产业和劳动密集型产业，解决贫困地区就业问题。积极发展贫困地区民间金融。实施生态立区战略，积极争取国家有关部门支持宁夏生态建设，探索对限制开发区和禁止开发区的转移支付制度，加大生态补偿转移支付力度。

六、宁夏对内开放格局分析

宁夏传统产业分工中一直是以为国内产业提供能源、原材料及其初级加工品为主，产业基础决定了宁夏缺乏以外向型经济为主的开放格局，应该把对内开放作为全方位开放的优先方向。

宁夏对内开放“1+3+1”框架，即“一沿海”：积极加强与东部沿海地区特别是主要城市的技术经济合作，对接世界海洋经济。“三区共轭”：做好呼包银榆经济区、西兰银经济区、宁夏沿黄经济区的协同发展，优化宁蒙陕甘毗邻地区产业布局。“一线”：积极加强丝绸之路经济带沿线国内区域合作，以开放带动区域发展。

积极加强东西部合作。一是加强经贸合作，东部沿海地区是改革开放的前沿，和对外开放的口岸，要积极复制借鉴上海自由贸易试验区经验，加强对天津港共建惠农陆路口岸，加强与北京、广州、香港、杭州、青岛、宁波等沿海城市的经贸合作。坚定地把通过海洋运输作为对外开放的主渠道。二是加强技术经济合作，北京、上海、杭州等都是我国科技创新的高地，应该争取其“科技支宁”，共建科技创新园区。三是积极承接产业转移，浙江、江苏、山东、广东、福建等地区都是宁夏纺织业、新材料等产业的下游生产基地，要积极通过承接产业转移，促进产业转型升级，加速产业链的延伸。四是加强扶贫协作。

形成宁夏沿黄经济区、呼包银榆经济区、西兰银经济区“三区共轭”格局，巩固宁夏内陆开放型经济赖以依靠的区域基础。一是依托鄂尔多斯盆地能源经济区的资源优势，建成国家重要能源化工基地、西部资源深加工基地、装备制造业基地和战略性新兴产业基地。二是依托黄河上游地区在水利、生态等方面的重要地位，积极促进甘宁青小西北地区跨越式发展，解决地区差距和城乡差距问题，充分重视黄河上游经济区在新疆、西藏和内蒙古等边疆地区稳定和发展中的战略地位。重视在国家生产力布局中的包兰西线的地位，把它与陇海新线的地位同等对待。积极加强西兰银城市带建设。三是以宁夏沿黄生态经济带为中心，积极加强对中部干旱带和南部山区的辐射和带动能力。

加强丝绸之路经济带国内区域合作。丝绸之路经济带、长江经济带、雄安新区及京津冀一体化，是当前最为重要的区域政策。通过丝绸之路经济带，可以把西北地区建成我国面向中亚、欧洲的前沿地区。宁夏应该积极融入丝绸之路经济带，因为这不但是一条区域经济交通物流通道，而且是国际经济大通道。宁夏要搭上快车道，融入大市场，积极促进沿线地区协同发展。加快与西安、兰州、乌鲁木齐、郑州、连云港等沿线城市的互联互通。

七、宁夏向西开放格局分析

中东地区是陆上丝绸之路与海上丝绸之路的西端交会点。“向东看”成为“9·11 事件”后，阿拉伯财富基金的投资新方向。所谓阿拉伯国家

"向东看"，主要是向中国东部沿海地区看。宁夏在中阿经贸合作中缺乏区位优势。由于地缘政治和宗教派别的冲突，致使海合会国家与中亚地区市场不能相通，也就是中国通过中亚到达中东地区的中阿陆上丝绸之路暂时还走不通。

宁夏向西开放战略，应该把丝绸之路经济带与中阿经贸合作作为两大重点方向。虽然中东也是丝绸之路经济带建设范围，但目前应该充分利用亚欧大陆桥，加强与中亚、欧洲的贸易联系。充分发挥宁夏在中国—中亚—西亚经济走廊的主要节点作用。中阿经贸合作应该是渠道官方化、贸易高端化、合作多元化。

宁夏向西开放实施"4+1+3"任务框架，即建设四个丝绸之路，打造中阿博览会战略平台，积极参与新欧亚大陆桥、中蒙俄、中国—中亚—西亚经济走廊。

建设四个丝绸之路。四个丝绸之路，即积极探索陆路丝绸之路，开辟新兴市场；充分利用海上丝绸之路，维护传统贸易关系；积极打造空中丝绸之路和网上丝绸之路，规避内陆开放劣势，培育竞争新优势。丝绸之路经济带的本意是陆上丝绸之路，宁夏目前对外贸易主要通过海洋运输，所以，不能不提陆上丝绸之路和海上丝绸之路。当然，打造空中丝绸之路和网上丝绸之路是新增长点，应该得到高度重视。

打造中阿博览会战略平台。中阿博览会是宁夏向西开放的平台，中阿现代服务业是宁夏中阿博览会的支撑，中介人是宁夏在中阿经贸合作中的角色。要在中阿翻译队伍的基础上，培养一批熟悉国际经济特别是阿拉伯国家经济事务的贸易、金融、法律、财会等中介服务人才。当宁夏中阿经贸合作中介队伍的形成规模，中阿博览会才会开得有支撑、开得有价值。宁洽会升格为中阿博览会后，规格升级而开放范围缩小，宁夏缺乏全方位开放平台，应该积极打造"一带一路"开放新平台。

积极参与三大经济走廊。充分利用新欧亚大陆桥经济走廊，加强与欧洲、中东欧等地区的经贸协作，加强与德国制造、法国葡萄酒等方面的合作。积极参与中蒙俄经济走廊，加强与俄罗斯的石油、蒙古国的煤炭等合作。努力开拓中国—中亚—西亚经济走廊，通过中阿号货运列车等，加强与伊朗、中亚等国家和地区的经贸合作。

八、构筑内陆开放型经济核心区

（一）把内陆开放型经济战略高地作为宁夏试验区建设的重要目标

国务院出台的《宁夏内陆开放型经济试验区规划》中，把宁夏内陆开放型经济试验区定位于“国家向西开放战略高地”等。对宁夏来说，没有产业支撑就没有内陆开放高地，没有内陆开放型经济高地的实力，就没有向西开放战略高地的地位。

2010 年，中共中央、国务院《关于深入实施西部大开发战略的若干意见》中，提出“打造重庆、成都、西安等内陆开放型经济战略高地”。2015 年，国家发改委、外交部、商务部联合发布的《推动共建丝绸之路经济带和 21 世纪海上丝绸之路的愿景与行动》中，提出“打造重庆西部开发开放重要支撑和成都、郑州、武汉、长沙、南昌、合肥等内陆开放型经济高地”“打造西安内陆改革开放型高地”。建设内陆开放型经济战略高地一直是国家促进内陆开放的重要抓手。

建议宁夏把努力建设内陆开放型经济战略高地作为开放宁夏建设的目标之一。确立内陆改革开放新战略高地的定位，就是要依托沿黄经济区，打造外向型产业体系，以产业支撑开放。不能局限于发挥人文优势，仅仅作为面向中东阿拉伯国家开放的定位。

（二）将银川都市圈打造成内陆开放型经济试验区核心区

沿黄经济区、银川都市圈、滨河新区，都先后被确认为宁夏内陆开放型经济试验区的核心区。试验区核心区一般具备以下条件：城市新增长点、产业集群区、制度创新区、人口集聚区。宁夏内陆开放型经济试验区的核心区是沿黄经济区，外围区是宁夏中南部地区，辐射区是蒙陕甘毗邻地区。未来区域竞争主要是城市群之间的竞争，沿黄经济区作为核心区有利于充分发挥整体竞争优势。

2016年，宁夏被中央批准成为继海南之后，全国第二个省级空间规划（多规合一）改革试点省区。2017年6月，宁夏第十二次党代会提出建设银川都市圈和沿黄生态经济带。12月，自治区召开银川都市圈建设工作推进会，出台了《银川都市圈建设实施方案》，提出打造创新、绿色、智慧、宜居的银川都市圈。

《宁夏回族自治区空间规划》提出“一带三区，一核两极”的总体空间格局，其中“一带”是沿黄城市带，“一核”是银川都市圈，由于石嘴山市已经纳入银川都市圈，银川都市圈在规模上已经与沿黄城市带差别不是太大，优先将银川都市圈打造成内陆开放型经济试验区核心区也是题中之意。银川都市圈是宁夏经济的增长极，是新型城镇化的核心引领区。

充分发挥各地开放优势，激发改革开放活力，鼓励先行先试，并加速交通、通信、金融、社保、教育等全区同城化。银川市是银川都市圈的核心，争取建设国家级滨河新区。注重石嘴山市作为面向沿海及中蒙俄经济走廊的铁路枢纽地位，强化中卫在丝绸之路经济带中的西北重要铁路物流枢纽和货物分拨中心的地位，发挥吴忠市中国轻工业集聚地作用，固原市积极建设开放式扶贫试验区。

（三）以优化园区布局为抓手，提升区域经济辐射带动能力

2017年，银川市已经确定以“绿色、高端、和谐、宜居”为统领，加快国际化、现代化城市建设步伐，并确定了在全区率先全面建成小康社会、率先开启全面建设社会主义现代化新征程的目标。建立“5+3”模式（即重点培育市级“两园三区”，支持“两县一市”各重点做大做强1家产业园区），对现有17个产业园区进行优化整合。

提出建设银川丝路经济园，将其定位于丝路经济带建设示范区、西北

高端现代服务业集聚区、宁夏生态友好产城融合创新区。银川丝路经济园范围主要在滨河新区和阅海湾中央商务区。以中关村双创园为载体，大力发展高端制造、研发孵化、科技、金融、信息等现代服务业。以经济技术开发区为载体，与北京经济技术开发区共建“一带一路”国际产业园，重点发展高端装备制造、新材料生产性服务业等产业集群。

2012年滨河新区启动建设以来，提出了力争建成国家级新区的目标，以及建设生态城、文化城、产业城、旅游城的功能定位。为了加强协调发展，2014年银川市提出推进滨河新区与综合保税区、临空经济区一体化运作实体化操作。2017年，银川市提出深化与苏州工业园区合作，重点发展现代纺织业、新能源、生命健康、大数据等产业，打造沿黄生态经济带核心区。

要积极依托银川综保区政策优势，重点发展对外加工贸易、保税物流产业，建设宁夏国际快件中心、中阿黄金珠宝文化产业园、国际裘皮（银川）集散贸易中心、整车进口口岸等，创新保税加工、保税物流等业务新模式，大力招商引资，集聚高端产业，着力打造丝路沿线重要的国际贸易服务集散中心和投资贸易便利化示范区。

宁东基地是国家级能源化工基地，应重点建设现代煤化工产业，加强新型煤化工下游材料产业与石油化工、纺织业等的产业链融合，大力发展循环经济，努力加大环境保护力度。

（四）促进中南部山区开放：建设“三大示范（先行）区”

打造全国脱贫攻坚示范区。宁夏中南部地区是宁夏开放不能遗漏的重要组成部分，应该构建政府、市场、社会协同推进的大扶贫开发格局，积极开展产业扶贫、金融扶贫、旅游扶贫、生态扶贫等国家级开放式扶贫示范区建设。把固原市、泾源县建成宁夏南部展示民俗风情和地方历史文化的文化旅游明珠。加强六盘山片区、三西地区、陕甘宁革命老区等区域合作，重视贫困地区的精准扶贫和区域发展，发展特色优势产业，加强贫困地区基础设施建设和社会保障体系建设，努力同步实现全面小康社会。鼓励通过劳务输出、自发移民、插花移民等更为市场化方式解决生态移民问题。加强针对贫困人口的社会保障制度建设。

打造西部生态文明建设先行区。宁夏水资源短缺，中南部地区基本上被确定为限制开发区和禁止开发区，应该在建设生态文明、美丽宁夏上下功夫，形成以沿黄经济区为经济核心区、以中南部地区为生态核心区新格局。一是统筹解决宁夏水资源短缺问题。继续深入开展节水型社会建设，争取国家在南水北调东线、中线建成的情况下适当增加黄河中上游用水指标，统筹推进南水北调西线工程，争取尽快上马大柳树水利枢纽工程。二是探索生态补偿机制。应该实行资源有偿使用制度和生态补偿制度，坚守生态保护、耕地、水资源三条红线。三是加强国际防沙治沙合作。建好宁夏葡萄酒与防沙治沙职业技术学院，将宁夏的防沙治沙技术推广到中东、北非等沙漠化灾害比较严重的国家。四是积极开展碳汇交易试点。把中南部地区的林地、草地等生态系统纳入碳汇交易系统，努力打造国际适应气候变化示范区。

打造统筹城乡发展示范区。要强化全区“一盘棋”的理念，着力构建区域城乡协调发展新格局，促进人口适当向沿黄经济区流动聚居。实现基本公共服务均等化，促进医疗卫生、文化教育、基础设施投资等向中南部山区倾斜。积极建设清水河产业走廊，打造草畜业、马铃薯、冷凉蔬菜、道地中药材、特色农产品加工“五大特色优势产业集群”发展，建设绿色农产品加工出口基地。统筹城乡规划建设，强化固原市作为宁南区域核心城市和六盘山区域中心城市地位，改善固原市及各市县与周边地区的互联互通条件，加快农业转移人口市民化。

九、打造外向型产业体系

（一）实施特色优势产业供应链工程

国家鼓励内陆交通干线沿线地区形成若干国际加工制造业基地和外向

型产业集群。建设外向型产业体系，是开放的优先次序，没有产业支撑，博览会、通道、综保区、口岸、人文交流等，都没有坚实基础，只花钱、不挣钱，没人气、没货源、没商机，不具有可持续性。宁夏对内对外开放要以龙头企业为主的产业链招商为抓手，如重庆招商惠普、郑州招商富士康，使开放形势豁然开朗。

宁夏前些年主要围绕建设特色优势产业体系做了大量工作。今后应该把延长特色优势产业链作为宁夏产业转型升级的重点，加强产业链招商。实施先进装备制造业、羊绒工业与现代纺织、新能源、新材料、煤电化、生物医药、葡萄酿酒、现代农业、特色农产品加工九大特色优势产业供应链管理。立足宁夏能源优势和特色优势产业基础，加快实施传统产业提升工程、特色产业品牌工程、新兴产业提速工程、现代服务业提档工程，加快转型升级，打造经济升级版。

（二）实施开发区转型升级与创新发展工程

积极打造产业园区升级版。改造提升工业园区、物流园区、慈善园区等，加强对老旧园区的基础设施投资，盘活土地等资源。优先发展现代煤化工、现代纺织等优势产业，加快壮大新材料、高端装备制造业等特色产业、积极培育新一代信息产业、生物医药、节能环保等新兴产业，限制发展铁合金、焦炭、电解铝等传统产业。宁夏有一些高耗能、高污染产业，国外和沿海都不做，宁夏的产量在国际和国内比重较高，然而恶性竞争也较严重，通过兼并重组可以提高特色优势产业的生产集中度和市场占有率。加快外贸出口基地建设，培育高端羊绒服装产品、碳基产品、装备制造、钽铌铍和铝镁合金新材料、特色农产品等出口基地，从“大进大出”向“优进优出”转变。

（三）打造现代产业体系：建设银川都市圈现代服务业中心、轻纺产业带和高新技术产业带

宁夏未来经济增长点，主要在银川都市圈。建设银川都市圈，必须有

产业支撑。应该积极发展沿黄经济区的现代服务业、高端制造业、轻纺工业、新一代电子信息产业、低碳产业和循环经济、环保产业、现代农业等，积极打造现代化经济体系，建设宁南山区绿色产业体系。

积极建设银川都市圈现代服务业中心，建设银川—贺兰—滨河新区—综合保税区—临空经济区—灵武—吴忠轻纺产业带，建设宁东基地—银川—石嘴山高新技术产业带。发展现代金融、物流、信息技术服务、旅游、商贸服务、文化教育、医疗保健、研发设计等现代服务业。

宁夏必须抢抓《中国制造 2025》规划的机遇，以信息化改造传统产业，加快制造业转型升级。宁夏属于劳动力资源相对稀缺地区，发展劳动密集型产业面临劳动力短缺的制约，过去根本不可能吸引超大型劳动密集型企业投资，但工业智能化和自动化，有利于宁夏克服劣势，承接沿海产业转移。应该重视银川市、吴忠市中国自动化产业园区建设，重点提高现代纺织业等劳动密集型产业智能化水平。

（四）闽宁全面合作：从扶贫开发拓展到沿黄经济区

福建是 21 世纪海上丝绸之路的核心区，福建自贸区是四大自贸区之一，泉州的“数控一代”创新示范工程，是“中国制造 2025”唯一的地方样版和实践范例。闽宁合作已经使宁夏南部山区受益匪浅，而且闽宁扶贫产业园区合作已经越来越成为闽宁山区合作互惠互利的增长点，建议将闽宁合作继续拓展到海上丝绸之路和工业 4.0 等方面，加强宁夏沿黄经济区各市县与福建各市县的产业协作对接，积极承接产业转移。

十、建立现代综合交通枢纽体系

宁夏内陆开放型经济必须能够起到带动西北地区发展的重任。其空间布局应该为：“一个门户”“两向开放”“三区共轭”。将银川市建成西北地区东北门户城市，对接我国东部沿海翼和西部沿边翼国际大通道。

（一）建设陆上、空中、网上、海上四大丝绸之路

打造陆上丝绸之路。重点推进银川连接北京、兰州、西安、青岛等方向的4条高速铁路通道建设，加快建设银西高铁，积极开展包兰铁路银川至兰州段扩能改造，太中银铁路定边至银川中卫段增建二线，宝中铁路增建二线工程工作。重点推进9条普速铁路建设，建议新增银川至鄂尔多斯客运专线、庆阳—固原—定西客运专线列入国家“十三五”铁路规划。构建“三环四纵六横”高速公路网，形成16个出省通道的新格局。充分利用亚欧大陆桥，开辟中亚、欧洲等新兴市场，加强沿线地区旅游、能源、农业等合作。

打造空中丝绸之路。积极建设银川河东国际机场，强化国际门户枢纽机场定位。充分利用航权开放政策机遇，积极引进大型物流企业落户宁夏，组建合资航空公司。建设宁夏通用航空产业园和宁夏国际航空物流园，发展临空经济区，争取建设银川国际航空港经济实验区，争取境外旅客购物离境退税和国际中转旅客72小时过境免签政策。

打造网上丝绸之路。应充分利用国家确定宁夏为“大型或超大型数据中心建设及运营”省份之一，加快智慧城市建设，完善通信网络等基础设施建设，建设中卫、银川云计算中心。落实与亚马逊公司的战略协议，积极争取阿里巴巴等知名互联网企业落户银川，努力培育银川iBi园区等本地IT企业发展。加快银川市跨境电子商务试点城市建设，积极发展“互联网+”和“+互联网”，规避内陆开放劣势，培育竞争新优势。

对接海上丝绸之路。宁夏对外货物贸易，主要是通过海洋运输来承担，这是目前宁夏国际物流主通道。宁夏主要贸易伙伴如欧盟、印度、新加坡、印尼、马来西亚等均处于海上丝绸之路沿线，且宁夏与阿拉伯国家的货物贸易主要还得依靠海洋运输。我们不能够因为强调陆上丝绸之路而忽视海上丝绸之路。必须积极维护传统市场关系，加强与东部沿海港口的战略合作。

（二）对接东部沿海翼和西部沿边翼国际大通道

加强与东部沿海翼国际大通道的互联互通，注重维护传统贸易关系。充分利用包兰铁路、太中银铁路、银川至西安铁路及京藏、青银、福银等高速公路，构建三条东部沿海翼海铁联运通道，争取打通银川至天津港、青岛港、上海港、连云港等出海通道铁海联运最后一公里连接线的制约。通过通道建设缩短运行时间，降低运行成本，提高运行效率。

加强与西部沿边翼国际大通道的互联互通，提高向西开放水平。构建四条西部沿边翼国际大通道。通过兰州—格尔木—喀什铁路对接中阿经济走廊和中国—中亚—西亚经济走廊，通过干武铁路、临哈铁路对接新亚欧大陆桥经济走廊，通过新建银川至乌力吉铁路对接中蒙俄经济走廊。中巴经济走廊等走廊建设将给宁夏等西北各省区向西开放带来重大机遇，也将有利于通过海铁联运实现宁夏与海湾国家的货物贸易。

（三）构建“一核三极”现代综合立体交通枢纽中心

加强航空、铁路、城际快铁、公路等综合立体交通体系建设，强化各运输方式的立体无缝对接，构建以银川都市圈为核心，中卫、石嘴山、固原为西东南三极的综合立体交通枢纽中心，加强与周边地区的互联互通。

在银川机场建设中集合高铁、城际铁路、公共交通与航空港，形成综合立体交通网络。继续强化中卫作为丝绸之路经济带和西北地区铁路物流枢纽中心之一的地位。拓展中卫机场、固原机场、红寺堡罗山机场的旅游、通用航空产业等业务。

加快推进银西、中兰、包银等高铁项目建设和宝中快铁建设，尽快实现地级市全部通高铁（快铁）目标。力争兰州—固原—庆阳高铁立项，联通银西高铁与西安—兰州高铁，为解决陕甘宁革命老区交通运输制约瓶颈、加快贫困地区脱贫富民奠定基础。

“一带一路”的理论价值、实践意义及其对宁夏的启示

段庆林

2013 年 9 月，中国国家主席习近平在哈萨克斯坦演讲时正式提出共同建设丝绸之路经济带。2013 年 10 月，习主席在印度尼西亚演讲时提出共同建设 21 世纪海上丝绸之路。2013 年 12 月 26 日，习近平总书记在周边外交工作座谈会上提出，建设丝绸之路经济带战略意义重大，要以国际大通道为依托，以重点开发区开放试验区为先导，以重大战略项目为抓手，促进政策沟通、道路联通、贸易畅通、货币流通、民心相通，形成全面开放的国际经济合作带。2015 年 3 月，国家发改委、外交部、商务部联合发布《推动共建丝绸之路经济带和 21 世纪海上丝绸之路的愿景与行动》。2017 年 5 月，“一带一路”国际合作高峰论坛在北京举办。党的十九大报告提出，要以“一带一路”建设为重点，推动形成全面开放新格局。

建设丝绸之路经济带和 21 世纪海上丝绸之路，具有深刻的国际国内背景，对实现“两个一百年”的奋斗目标和中华民族复兴的中国梦具有非常重要的理论价值和实践意义。建设丝绸之路经济带，将有利于我国西北地区经济的重新崛起。

一、新丝绸之路

（一）向西开放的阶段划分

始于1980年代初的我国向西开放实际上就是新丝绸之路建设之开端。因此，可以把向西开放大概划分为四个阶段。

第一阶段：向西开放构想时期（1978—1990年）。1978年，中国开始改革开放，受沿海经济特区启发，中国西北各省区1980年代初中期，陆续提出向西开放战略及建设“空中丝绸之路”，与中东、中亚地区举办国际经济贸易洽谈会等。1985年，宁夏回族自治区主席黑伯理率中国宁夏穆斯林友好访问团“六国行”。但受国际国内环境制约，西北地区开放严重滞后。

第二阶段：沿边开放时期（1991—2000年）。苏联解体使中亚国家独立建国，第二欧亚大陆桥开通。1992年，中俄关系正常化后才实行了沿边开放政策。中亚各国经历经济衰退，但俄罗斯在中亚政治和经济中仍然占主导地位，美国和中国从有限介入到影响提高，土耳其、伊朗、沙特、欧盟、日本、韩国等国家和地区积极提出与中亚合作机制。1990年代末，中亚发现石油天然气资源。

第三阶段：油气之路时期（2001—2012年）。2001年，上海合作组织成立，出于反恐和能源需要，“9·11事件”后，随着石油价格暴涨，中亚经济高速增长，与中国贸易快速增长，丝绸之路变成油气之路。美国反恐使中国赢得难得的战略机遇期，中国加入WTO使经济高速增长。

第四阶段：新丝绸之路时期（2013年以来）。美国提出“新丝绸之路”计划和亚太再平衡战略后，2013年中国提出建设丝绸之路经济带和21世纪海上丝绸之路，更加重视与周边国家经济一体化。我国向西开放开始从油气之路拓展到建设丝绸之路经济带新时期。

（二）中俄美“新丝绸之路”计划的博弈

中亚国家独立后陆续加入了国际合作机制。1992年中亚国家加入欧安组织，1993年欧盟实施“欧亚运输计划”，1994年起中亚国家陆续加入北约“和平伙伴计划”，1997年亚行发起“中亚区域经济合作计划”，2004年日本与中亚实施“5+1”对话机制，2007年韩国与中亚建立“1+5”对话机制，2008年联合国开发计划署与中国、中亚国家实施丝绸之路区域项目，特别是以中美俄三国提出的战略最有影响力。

1.美国“大中亚计划”与“新丝绸之路”

在1991年中亚五国独立以后，美国、西欧、土耳其、伊朗、日本、韩国、印度等国家和地区就开始谋求填补战略空间。2001年“9·11事件”后，美国以反恐名义发动了阿富汗战争，并开始谋求在中亚的军事存在，试图阻止俄罗斯南下、伊朗东扩和中国西进，给中俄地缘政治带来很大压力。2005年，美国在中亚推行颜色革命受挫后，小布什政府提出“大中亚计划”。2011年，美国奥巴马政府提出“新丝绸之路”计划，试图加大对中亚的经济投入，支持印度发挥主导作用，促进能源南下、商品北上，旨在建立一个以阿富汗为中心，连接中亚和南亚，并向中东地区延伸的国际经济与交通网络。体现出美国力求削弱中亚与俄罗斯的传统联系，对中国构筑C形包围圈，分化瓦解上合组织，建立美国主导的地区新秩序的意图。同时，美国实施亚太再平衡战略，开始关注经济充满活力和潜能的亚太地区，试图构建“亚洲版新北约”，形成美、日、澳、印四国准军事联盟，并通过跨太平洋伙伴关系协议（TPP），对中国进行经济围堵和战略包围。目前，美国在新丝绸之路计划的能源管道和基础设施项目部分已经完工。2017年1月23日，新任美国总统特朗普签署行政命令，正式宣布美国退出跨太平洋伙伴关系协定（TPP）。2017年11月，特朗普在越南举办的APEC峰会上提出亚洲新战略，即建设一个开放的印度洋和太平洋地区的“美国愿景”，美国试图拉拢印度与美澳日韩等国一起构成围堵中国

“一带一路”的阵营。尽管中国多次强调不挑战现有国际秩序，但美国特朗普政府依然把中国和俄罗斯列为竞争对手。

2.俄罗斯“欧亚经济同盟”计划

中亚地区是俄罗斯传统势力范围。1996年，俄罗斯、白俄罗斯、哈萨克斯坦成立“海关联盟”；2000年10月10日，又将“海关联盟”更名为“欧亚经济共同体”；2010年1月，俄、白、哈三国决定在欧亚经济共同体框架内成立关税同盟。“欧亚经济联盟”概念最早是哈萨克斯坦总统纳扎尔巴耶夫于1994年在莫斯科大学演讲时提出。随着俄罗斯因石油价格暴涨而国力迅速恢复，2011年俄罗斯总理普京在《消息报》上刊发文章《欧亚新的一体化计划：未来诞生于今天》，提出在苏联地区建立“欧亚经济联盟”。2012年1月，俄、白、哈三国成立促进一体化进程的欧亚经济委员会，并于2014年5月28日正式签署《欧亚经济联盟条约》，2015年1月1日建立欧亚经济联盟。2015年，独联体成员亚美尼亚、吉尔吉斯斯坦加入欧亚经济联盟，塔吉克斯坦正在研究介入的可能。欧亚经济联盟是俄罗斯从经济和人文角度整合中亚地区，使其成为重振大国雄风的战略依托，被海外媒体解读为重建“新苏联”。欧亚经济联盟将保障商品、服务、资本和劳动力在国境间自由流通，将在能源、工业和交通运输领域等关键经济领域实施共同政策。

3.上海合作组织与丝绸之路经济带

1996年4月26日，中国、俄罗斯、哈萨克斯坦、吉尔吉斯斯坦、塔吉克斯坦五国形成“上海五国”会晤机制，其来源于中苏边境谈判，关注划界和互信是最初的需要。2001年6月15日，上海合作组织在上海正式成立，使之成为涉及政治、安全、经济、人文和外交等广泛内容的国际组织，打击恐怖主义、分裂主义和极端主义成为重要目标。中国是上合组织成立的主要倡导者，也是上合组织区域经济合作的主要推动者。2017年7月，印度和巴基斯坦成为上合组织成员国，印度缺席5月北京举办的“一带一路”国际合作高峰论坛，却加入了上合组织，这是在巴基斯坦加入情况下，对潜在不利局面的对冲举措。

2013年，习近平主席提出共同建设“丝绸之路经济带”和共建“21世纪海上丝绸之路”的倡议。5月，李克强总理访问印度和巴基斯坦时，也分别提出共同建设“中印缅孟经济走廊”和“中巴经济走廊”的倡议。

“一带一路”倡议标志着中国新一届政府已开始调整安全战略，更加注重周边地区关系，从经济利益优先转变为国家安全优先。通过“新丝绸之路”的经济一体化，让中国和周边国家的关系形成有利于地缘政治安全的“命运共同体”。上海合作组织主要关注安全与反恐合作问题，经济功能发挥相对不足，建设丝绸之路经济带，可以为上合组织奠定经济合作基础。上合组织为中国的“一带一路”倡议提供了安全保护伞。

二、内陆文明与海洋文明

中国幅员辽阔，既有漫长的海岸线，又有广袤的陆境线，是欧亚大陆上同时明显具有陆权和海权双重身份的国家。中华文明既有内陆文明又有海洋文明。建设海洋强国目标和建设丝绸之路经济带的提出，标志着我国“海陆并重”的策略形成。

（一）黄河文明与古丝绸之路

黄河文明是中华文明的主体，中华文明历史最悠久和价值最精华的部分产生于黄河流域。目前，考古发现中国农耕文明最早起源于甘肃天水大地湾文化，然后是分布于青海、甘肃、宁夏、陕西、河南等地的仰韶文化，最初的中华文明以黄河上游为中心。三皇五帝传说时代，黄帝族、炎帝族等逐鹿中原，并在夏商周三代逐步形成华夏民族。围绕北纬34°、从咸阳到开封之间长达500多公里的黄河中游流域，是中国南北气候地理分割区，也是东西部高原与平原的分界点，作为中心地理带维系了中国几千年文明史[①]。

人类农业技术与定居文化的形成是人类文明出现的首要标志。古代五大文明，包括古巴比伦的两河文明、埃及的尼罗河文明、印度河文明、古希腊—罗马文明、华夏文明。古代人类文明有从地中海沿岸地区向四周传播的趋势。中国西北地区在地理上最接近发达的西亚两河文明，西亚两河文明与中华文明可能很早就通过中亚的游牧民族等进行交流传播。西汉时期张骞两次出使西域，打通连接欧亚大陆的陆上丝绸之路。我国古代很长时期主要依靠西北陆路与其他文明交流。

中国历史上农耕文化长期受到游牧文化的冲击。战国时期秦国人是具有西戎特征的族群，秦帝国结束了领主封建制度，创立实行中央集权制的帝国，完成了中国政治、社会、文化的第一次大革命。汉朝是汉族的帝国，在长期与北方的匈奴抗衡中，确保丝绸之路的畅通是汉帝国的重大战略之一。佛教作为一种外来文明，自东汉时期开始进入中国。东晋南北朝时期，游牧民族入主中原，既使黄河农耕文化遭遇了破坏，又开启了农耕文化与游牧文化交流碰撞的新时代。隋唐两朝统治者具有鲜卑血统，自感文化落后的鲜卑人主动接受了汉文化，丝绸之路重新开通。秦汉奠定了黄河文明的基础，隋唐使黄河文明达到新的高峰。唐朝突厥人安禄山和史思明发动的安史之乱，是对黄河文明的第二次打击。宋朝是黄河文明从盛而衰的转折点，辽、金、西夏、回纥、吐蕃等控制了丝绸之路和西北方，文弱的宋朝的经济和文化达到新高度，经济中心自北向南移。从元明清三朝直至当代中国，形成了以南方为经济中心、北方为政治中心的格局，陆路丝绸之路衰落，西北地区地位大大降低。在 3—6 世纪，一些世界古代文明受到蛮族的入侵而衰落，西亚文明的衰落也可能是明清陆路丝绸之路衰落的原因之一。

①苏三：《文明大趋势——中华文明及其命运》，中国商业出版社，2014 年。

海上丝绸之路逐渐替代陆路丝绸之路。海上丝绸之路形成于秦汉，兴起于唐宋，极盛于元明时期。元代建立横跨欧亚大陆的蒙古帝国，蒙古的军事力量与穆斯林的商业力量是支撑忽必烈的陆海超地域帝国的两大支柱[①]。以汉文化圈为主的“小中国”转变为多元民族共存的“大中国”，使中国版图基本定型。元代驿道网络使陆路丝绸之路更为畅通，海上丝绸之路经过东南亚开辟了印度洋航线。马可·波罗千难万险从中东经过波斯和帕米尔高原进入喀什，而返程时送蒙古公主赴波斯成婚，则走的是海上丝绸之路，说明此时海上丝绸之路可能比陆路丝绸之路更加安全、快捷和便宜。明代郑和率众在28年间七次远航东南亚、东非等地，航海技术已经达到世界先进水平。清代收复台湾，以东南沿海为代表的海洋经济发展迅速。

意大利人著的《马可·波罗游纪》在欧洲的广泛流传，激发了15—17世纪地理大发现时代。1486年即明成化二十二年，葡萄牙航海家迪亚士发现非洲好望角，开辟了欧洲直达印度的新航线，随后葡萄牙、荷兰、英国、法国等西欧列强开始海上扩张，逐步在东南亚驱逐和屠杀华侨，中国的藩属国制度和朝贡体系受到挑战，被迫逐步收缩海外势力范围，明代中后期以闭关自守而求全。1764年，西欧开始了以蒸汽机、纺织机、电报、铁路为主的工业革命，而清政府并未看到大英帝国崛起的威胁。1840年鸦片战争，英国侵略者终于用坚船利炮打开了中国的大门，沿海地区成为我国资本主义最早萌芽和发展的地区。明清时期从美洲传入的马铃薯、玉米、红薯等粮食作物在中国种植，中国人口大幅度增长，从唐宋重商时期转变为明清重农时期。康乾盛世之后清朝开始衰退，中国生产力已经明显落后。

中国历史的运行轨迹证明：一个创新和动乱的短命王朝之后，往往存在一个长期稳定繁荣发展的集大成时期。从历史看，秦汉、隋唐、元明，甚至是中华民国与中华人民共和国之间，都有这样规律性的内在联系。

---

①［日］杉山正明：《疾驰的草原征服者：辽西夏金元》，广西师范大学出版社，2014年。

（二）丝绸之路经济带将使西北地区重新崛起

毛泽东时代是内陆时代，邓小平时代是沿海时代。两位领导人都抓住了时代的主要矛盾，开创社会主义建设新时代。未来 30 年，是兼顾陆权与海权的新时代。改革开放后，中国以特区优惠政策使沿海地区加快融入了国际经济体系，将建设现代化强国并实现中华民族伟大复兴的中国梦，充分吸纳海洋文明的市场经济和民主的理念，也将中华文明的均富和仁爱即共同富裕与和谐社会的思想融入中国特色社会主义现代化建设之中。

1988 年，电视政论片《河殇》提出黄河文明与海洋文明的关系问题，提出“唤醒全民族反省意识”，突出反映了当时面对与发达国家巨大差距的缺乏自信，认为黄河文明是农耕文化和内陆文明，是封建专制，而海洋文明是工业文明，是自由与民主；还提出内陆文明对沿海文明的征服是中华民族的悲剧，应该抛弃黄河文明，推行海洋文明，实际上是全盘西化的主张。

中国已经经历了近 40 年的改革开放，进入了全面深化改革和全方位开放的新时期，更加充满道路自信和制度自信。建设海上丝绸之路和建设陆上丝绸之路经济带的提出，标志着我国“海陆并重”的战略形成。尤其是建设陆上丝绸之路经济带，为西北地区重新崛起提供了难得的历史机遇。

中国丝绸之路经济带建设，应该有三方面内涵。

一是建设丝绸之路或称向西开放战略。主要是建设“一带一路”和“两个经济走廊”。在美国 TPP 和俄罗斯欧亚经济联盟东西夹击之下，中国提出“一带一路”倡议，高度重视与周边国家形成命运共同体，具有重要战略意义。

二是区域总体发展战略新思维。新区域总体发展战略从“一带一路”、长江经济带、雄安新区和京津冀协同发展等，更加注重跨区域合作，更加重视从沿海起步先行，溯长江等内河或亚欧大陆桥向纵深腹地梯度发展。实施东西双向开放战略，北方建设丝绸之路经济带，南方建设长江经济带，构建沿海、内陆、沿边协调发展的全方位开放新格局，有利于优化区域开放布局。

三是西部大开发升级版。欧亚大陆中，在西欧和东亚之间，是一条经济塌陷带，中亚、东欧、中国西北地区是塌陷带中最为落后的地区。充分利用国际国内两种资源两个市场，以向西开放带动西部大开发，加快西北地区发展，应该是西进战略应有之意。建设丝绸之路经济带与西部大开发是有机统一的，将有助于形成西部大开发新格局。

三、海权论、陆权论与“一带一路”

（一）海权论：中国努力规避马六甲海峡风险

美国海军战略理论家马汉（1890 年）认为以贸易立国的国家，必须控制海洋；夺取并保持制海权，特别是与国家利益和海外贸易有关的主要交通线上的制海权，是国家强盛和繁荣的主要因素；要夺取和保持制海权，必须具有占优势的海上实力，即强大的舰队和商船队以及发达的基地网。海权历史是国家间的斗争史，海上运输优于陆上运输①。世界海权强国是美国、英国等。

随着经济全球化，特别是中国实施企业走出去战略以来，中国海外贸易、投资、人员安全形势越来越严峻。近年来，中国在利比亚、苏丹、伊拉克、埃及、乌克兰等国家因社会动荡而投资损失严重。中国 40%进出口货物和 80%进口石油经由美国控制的马六甲海峡运输，一旦中国与美国的盟友在东海、南海发生冲突，则中国很难保证能源和贸易安全。

中国试图规避风险，如中国企业参与泰国克拉运河、尼加拉瓜运河、以色列红海—地中海铁路，与秘鲁、巴西共建两洋铁路等。特别是建设中巴经济走廊和中缅经济走廊。改革开放以来，中国陆续在巴基斯坦、孟加拉国、缅甸、柬埔寨以及泰国等国家参与或计划有关港口或机场的建设，

---

① [美] A·T·马汉：《海权对历史的影响》，解放军出版社，1998 年。

通过资助等各种方式取得军舰海外停泊基地，被称为中国“珍珠链战略”。中缅油气管线将使西南地区利用中东石油建设一批炼化项目，通过中巴油气管线传输中东石油的经济性和安全性还在评估中，其实西北地区最便捷的是利用中亚油气管线和新疆西气东输管线，布局石油炼化项目。

（二）陆权论：高铁是否能使欧亚大陆崛起

英国地缘政治学家麦金德认为随着陆上交通工具的发展，欧亚大陆的“心脏地带”成为最重要的战略地区。其提出了著名的三段论：“谁统治东欧，谁就控制了心脏地带；谁统治心脏地带，谁就控制了世界岛（欧亚大陆）；谁统治世界岛，谁就控制了全世界。”[①]美国地缘政治学家斯皮克曼则认为，边缘地区是争夺世界的关键。丝绸之路经济带一体化重点对象是中亚地区。

随着我国沿海、沿边和内陆的全方位开放格局的形成，与周边国家的互联互通受到重视。2006年，国务院西部开发办提出谋划在西南、西北、东北以及云南地区建设四条新的陆路国际性战略大通道。2013年，习近平主席在哈萨克斯坦提出建设丝绸之路经济带，强调从“五通”做起。

2011年，华裔学者高柏在《高铁与21世纪大战略》[②]一文中认为，中国过去30年实施的蓝海战略已经到了限界，高铁作为代表中国工业实力的一个符号，可以推动欧亚大陆的经济整合，可以为中国带来一个陆权战略；当海权与陆权并存时，将为中国建立一个全球战略的对冲态势。

在经济全球化时代，海权重要还是陆权重要？自哥伦布发现美洲新大陆以来，世界海权势力一直对陆权势力进行挑战，并形成了以海运为主的国际贸易体系。建设丝绸之路经济带和构建欧亚经济共同体，中俄两个陆权大国在应对海权势力挑战中，有许多交集的战略需求。如果中亚高铁建成，中国至欧洲行程缩短到五天，则陆路运输对海洋运输的优势将凸显。但

①［英］哈·麦金德：《历史的地理枢纽》，商务印书馆，2010年。

②高柏：《高铁与中国21世纪大战略》，《经济观察报》2011年3月11日。

海洋运输经过的主要是公海，而铁路运输经过的则是不同的主权国家，历史上试图通过铁路扩张陆权的教训较多，如俄罗斯的中东铁路，德国的巴格达铁路，都以恶化相关国家关系而终结。不同国家之间协调也会增加铁路运输的成本，如第二亚欧大陆桥的运输成本就高于第一亚欧大陆桥。

中国是海陆复合型国家，“一带一路”愿景是对海权论和陆权论的突破，丝绸之路经济带对应陆权，21 世纪海上丝绸之路涉及海权，中国正在建设海洋强国，“一带”与“一路”共同推进，有利于拓展地缘战略空间。

中国充分发挥在基础设施建设中的比较优势，以基础设施互联互通打造与周边国家的利益共同体，也得到了许多发展中国家的积极支持。近年来，我国政府大力向周边国家推荐高铁技术，也遇到了一些挫折。说明我国构建国际大通道战略必须考虑地缘政治的影响。我国建设丝绸之路经济带，国际段主要还得依靠已经运行的亚欧大陆桥铁路，应该重点建设国内段高铁线路。

四、现代世界体系与新丝绸之路

（一）中国是否会被排斥在新世界贸易体系之外？

目前世界有三大经济繁荣地区：一是美国为主的北美洲，另外两个就是处于欧亚大陆边缘的东亚经济圈和西欧经济圈。美国分别与两大经济圈组成了两大贸易轴心：大西洋贸易轴心、太平洋贸易轴心。建设丝绸之路经济带，就是试图连接欧亚大陆两端的东亚经济圈和西欧经济圈，形成第三条贸易轴心即亚欧陆路贸易轴心。

第二次世界大战之后，美国取代英国成为世界超级大国，但全球力量的重心在大西洋两岸的美欧之间，形成了以美国为主导的西方世界控制全球的格局。中国改革开放后开始加入全球贸易体系，以中国和日本、韩国等为主的国家，与美国等形成了太平洋贸易轴心，欧美实体经济向东亚转移，使大西洋贸易轴心成为以金融业、高新技术及消费市场为主，太平洋贸易轴心成为制造业生产基地，目前国际贸易形势是大西洋轴心的消解和太平洋世纪的浮现。

中国处于国际分工产业链最低端。1950 年代以来，以计算机技术和通信技术为主的第三次技术革命，开始进入信息时代，美国是信息产业核心技术的垄断者。发达国家中，英国以金融业、德国以资本品、日本等国家以高端消费品等占据产业链高端，中国沿海地区以劳动密集型的轻工业为主，中西部地区以资源型产业为主，处于国际分工低端，在世界体系中处于外围或半外围。基本形成了以欧美为主的消费国、以中国为主的生产国、以中东等地为主的资源国三元结构。跨国公司将最占用劳动、最消耗资源、最污染环境的制造业工序转移到发展中国家，以企业机制替代市场机制，通过全球生产网络和全球贸易网络控制原料定价权和销售定价权。宁夏羊绒工业是典型的参与国际分工的产业，至今仍然有 60%以上的羊绒衫使用贴牌生产方式。

冷战结束后，世界多极化风起云涌。出现欧元区排斥美国、亚洲一体化趋势，中国经济崛起，俄罗斯实力恢复，美国重返亚洲战略重点是操控危机、主导整合。其通过朝鲜问题牵制韩国和日本，通过钓鱼岛争端瓦解中日韩自贸区及其经济一体化，通过渲染南海议题，试图离间中国与东盟一些国家的关系。目前 WTO 多哈回合谈判陷入僵局，区域贸易方兴未艾。美国前几年主导的跨太平洋伙伴关系协议（TPP）、跨大西洋贸易与投资伙伴协议（TTIP）、全球服务业贸易协定（TiSA）三大贸易谈判，中国均被拒之门外。TPP 试图重新改写世界贸易规则，确保美欧的资本优势和知识产权优势，以及在全球财富再分配中的绝对话语权，企图把中国重新赶回国际分工的最低端。

（二）探索全球经济治理新模式

以美国主导的全球化有三大特征：金融全球化、资源高消耗、中心—边缘结构，美国霸权正在走向衰落，世界多边主义风起云涌。2008 年起源于美国的次贷危机，很快就变为欧洲主权债务危机，进而演变为对新兴市场的连带伤害，致使旧国际分工体系破裂，美国通过再工业化、页岩气革命及新一代贸易规则，试图构建西方自我循环经济体系。目前，俄罗斯主导的欧亚经济联盟已经取得很高的一体化程度，中国与周边国家经济一体化正在积极推进。中国积极倡导树立共商共建共享的全球治理观，积极参与全球治理体系改革和建设，打造人类命运共同体，推动经济全球化朝着更加开放、包容、普惠、平衡、共赢的方向发展，推动建设开放型世界经济。

中国已经结束资本原始积累阶段，具备部分产业技术比较优势，从“服装换飞机”时代开始进入“高铁换资源”时代。由于开辟新兴市场是个长期任务，对欧美传统市场，我们应该且行且珍惜；对国内产业结构，我们也需要且行且调整。中国正在利用比较优势，构建以中国为主的国际分工体系。在维持和稳定传统的消费国—生产国—资源国三元结构即大循环的同时，构建以中国为核心的周边国（与东南亚、中亚区域一体化）—资源国（非洲、拉美、俄罗斯、巴西等）—科技国（美国）—品牌国（欧洲）的新动力格局即小循环①。实施“一带一路”倡议，就是实现与周边国家区域经济一体化的重要步骤。中国试图构建国际经济小循环，并非与美国为主的世界体系对抗，而是在欧美经济危机之际，适应经济全球化新趋势，适当减少对欧美市场的过分依赖，充分发挥比较优势，更加注重新兴市场国家。与美国注重政治军事联盟不同，中国奉行不结盟政策，更注重国际经济合作。

目前，中国正在建立互利共赢、多元平衡、安全高效的开放型经济体系。

一是推进贸易强国建设。近年来，欧美金融危机对中国经济打击沉重，中国开始重视东南亚、非洲、中东、中亚、拉丁美洲、中东欧等新兴市场。建设丝绸之路经济带，是开放型经济体系中的一个重要环节。2013

①邵宇：《中国经济必须冲出三重断裂带》，爱思想网。

年，我国领导人访问了俄罗斯、中亚、中东欧国家，2014 年又访问了欧洲、非洲等主要国家。西欧和东亚是经济最为活跃的地区，建设欧亚陆路贸易轴心，有利于欧亚大陆发展。2017 年，我国还召开了“一带一路”国际合作高峰论坛。充分发挥中国比较优势，形成以技术、品牌、质量、服务为核心的竞争新优势，建立以中国为主导的国际贸易体系，摆脱在西方国家为主的国际产业分工中的不利地位。

二是积极稳妥推动金融业对外开放。中国自 2009 年开始与 20 多个国家、地区货币当局签署本币互换协议。对促进人民币国际化、规避美元汇率风险具有重要意义。中国 2010 年提出研究成立上海合作组织开发银行，2013 年提出成立金砖国家开发银行并于 2014 年 7 月正式签署协议，亚洲基础设施投资银行也于 2015 年底正式成立。通过金融支持，在周边地区输出我国具有比较优势的基础设施工程技术。

三是实施高水平的贸易和投资自由化便利化政策。中国是 WTO 最大的赢家。TPP 是区域性的贸易自由化协定，重点在于投资环境的建设和市场规则的制定；TiSA 是多边的、全球性的贸易协定，仅限于服务贸易领域的进一步自由化。中国已于 2013 年 9 月 30 日正式宣布参加服务贸易协定 TiSA 谈判，中国服务贸易还缺乏国际竞争力，上海自由贸易区是国际服务贸易协定的试验基地。中国坚持世界贸易组织推动全球贸易自由化、便利化的主渠道地位，推进多哈回合谈判。适应区域经济合作发展新趋势，加快实施自由贸易区战略。深化中国与韩国、东盟、上海组织、中亚、中东、中东欧、加勒比等区域次区域合作机制。

五、小结：“一带一路”的意义与启示

“一带一路”是在古丝绸之路概念基础上形成的一个新的经济发展区域。建设“一带一路”，将丰富和发展地缘政治学、世界体系理论，具有非常重要的理论价值和实践意义。现将前面分析小结如下。

（一）意义

1.“一带一路”建设是为破解人类发展难题提供的中国智慧和中国方案

以中国为主的海上和陆路的古丝绸之路贸易轴心是当时世界贸易的主要部分，大航海时代使新大陆颠覆旧大陆，丝绸之路逐渐被西方社会排挤出世界贸易轴心。2008年国际金融危机以来，出现逆经济全球化倾向，贸易保护主义抬头。“一带一路”提出促进加强国际经济合作，有利于促进全球经济复苏，也有利于建立连接东亚和西欧两大市场中心的欧亚贸易轴心，充分发挥比较优势，建立以中国为主体的新国际贸易体系，逐步摆脱中国在以西方为主体的国际分工中的不利地位，促进世界多极化发展。

2.“一带一路”建设是构建人类命运共同体的新平台

丝绸之路经济带是上海合作组织的成果。新一届政府更加关注周边地区外交。加强与周边国家的合作，努力与周边国家形成有利于地缘政治安全的“命运共同体”。将有利于破解美国对中国的C形战略包围，维护和加强地区和平、安全与稳定。丝绸之路经济带沿线的中亚、东欧等国家都是经济塌陷区，也有利于促进亚欧大陆陆权地区的重新崛起，加速中国与周边国家经济一体化。

3.“一带一路”建设有利于拓展中国西部大开发的战略空间

建设丝绸之路经济带，将使广大中西部地区成为新丝绸之路的战略通道和经济腹地，更是中国西北地区发展的重大战略机遇，有利于形成沿海、内陆、沿边地区全方位开放格局，优化区域开放格局，有利于打造西部大开发升级版，充分发挥区位优势，充分利用国际国内两种资源两个市场，缩小地区差距，维护西部社会和谐和边疆地区安全。

4.“一带一路”建设有利于展示中国和平崛起的文化软实力

古丝绸之路是文明对话之路，受中华“和而不同”文化影响，至今仍然得到沿线国家普遍认同。其为新丝绸之路建设奠定了文化基础，是中国建设丝绸之路经济带的世界文化品牌，是中国和平崛起的文化软实力。充分发挥丝绸之路精神，将促进中华文明与西方文明等交流与对话。

（二）启示

1.以构建全面开放新格局为努力方向

“一带一路”是拓展我国经济发展空间的必然选择，可以从为发达国家提供初级产品转变为向欠发达国家输出产能，加速与东南亚、中亚、西亚、非洲、南美洲等经济合作。“一带一路”也是我国深入推进西部大开发的重要举措，通过向西开放，带动资源优化配置，形成陆海内外联动、东西双向互济的全方位开放新格局。宁夏不但要打造丝绸之路经济带战略支点，还需要积极对接海上丝绸之路。坚持全面开放，引进来与走出去并重，促进贸易双向平衡，深化双向投资合作。

2.以共商共建共享为基本原则

中国国家主席习近平提出弘扬“和平合作、开放包容、互学互鉴、互利共赢”的丝绸之路精神。陆上丝绸之路比海上丝绸之路更涉及沿途国家的主权问题，中国“一带一路”不是“马歇尔计划”的翻版，也不是“朝贡体系”的重建。地方政府的对外开放必须符合中国全球治理新理念，共商共建，并共享“一带一路”发展成果。

3.以深化“五通”交流合作为关键支撑

共建“一带一路”，必须紧紧围绕政策沟通、道路联通、贸易畅通、货币流通、民心相通。必须把地区经济尽快链接到“一带一路”国际大通道之中，加强与周边地区互联互通，积极融入到新亚欧大陆桥、中国—中亚—西亚、中蒙俄、中巴经济走廊，开拓经济新空间。应该构筑多层次人文交流平台，促进包容发展。

4.警惕恐怖主义威胁

丝绸之路经济带沿线主要经过中亚、南亚、西亚地区，中东地区又是长期政局动荡的热点，市场经济制度不健全，必须高度重视“一带一路”的风险，慎重决策在高风险地区的投资。也不能过分强调人文优势，搞人文搭台、经济唱戏，放松对恐怖主义思潮渗透的防范。

丝绸之路经济带与宁夏历史渊源研究

薛正昌

丝绸之路缘起很早，在汉代张骞“凿空”以前，中国的丝绸早已传到了中亚和欧洲，西域的玉石也传到了中原。“妇好”，是商朝武丁的妃子，曾协助武丁治理国家。发掘于20世纪70年代的河南安阳“殷墟”遗址“妇好”墓，出土了数千件青铜器、玉器、骨器、陶器，尤其是玉器，证实了3000多年前玉石之路的畅通。张骞之后丝绸之路发展成为文化交流与中西方贸易的大通道，为南北朝丝绸之路的繁荣奠定了坚实的基础，为隋唐丝绸之路的发展提供了空前的大舞台。“丝绸之路”的名字，是19世纪末德国地理学家李希霍芬在他的《中国》(1877年出版）一书中提出来的。最初开通丝绸之路的目的，并不是单纯为了进行商贸活动，包括政治、军事、经济、文化、艺术和宗教等因素，但客观上成为商贸活动以及其他方面交流活动的重要渠道①。近年来，中外学者提出“玉器之路”②，或许“丝绸之路之于古代，恰如航空线、航海线、铁路、公路乃至互联网

作者简介：薛正昌，宁夏社会科学院历史研究所原所长、研究员，国务院特殊津贴专家，研究方向为宁夏地方历史文化。

①孟凡人：《丝绸之路史话》，社会科学文献出版社，2014年，第59—61页。

②[英] 吴芳思：《丝绸之路2000年》，赵学工译，杨玉好审校，山东画报出版社，2008年，第176页 。

之于现在，可谓人类早期文明交流与互动的主渠道。”[①]丝绸之路是一条和平之路、合作之路、友好之路，丝绸之路与宁夏结缘，是绿洲丝绸之路中国境内东段北道必经之地，地域上的特殊位置决定丝绸之路在宁夏的走向及其特殊意义。

一、丝绸之路在宁夏的走向

丝绸之路，是古代中国经中亚通往南亚、西亚及欧洲、北非的陆上贸易大通道，也是古代中国与亚欧大陆政治、经济、文化交流的国际大通道。丝绸之路由汉唐长安（今西安）出发，穿越河西走廊出玉门关阳关，翻越葱岭（帕米尔高原）进入中亚木鹿（今土库曼斯坦马里），再取道波斯抵达伊拉克、叙利亚，这是丝绸之路跨越欧亚的走向。20 世纪 90 年代，学者根据丝绸之路所经过的不同地域和环境，将原来所说的丝绸之路分别冠名为：绿洲丝绸之路、草原丝绸之路、海上丝绸之路、西南丝绸之路。我们这里所说的丝绸之路，是指途经宁夏的绿洲丝绸之路（也称沙漠路）。在宁夏境内，汉唐丝绸之路主要走向为长安—凉州道东段北道，五代、北宋时期主要走长安—灵州道，元代新辟了翻越六盘山的通道。

20 世纪 30 年代发现的居延汉简、悬泉汉简，其文字有丝绸之路里程的记载。按当时区间里程，途径固原的丝绸之路东段北道是最为便捷的走向。其走向：从长安出发，沿泾水河谷西北而行，穿越萧关古道，过固原石门关，在甘肃靖远过黄河进入河西走廊。这是当时丝绸之路东段北道的主要线路，也是官员、使者、僧侣和商旅的首选。只有当这条路线受阻时，人们才选择另一条路线。以汉简记载来看，和平时期丝绸之路东段北道是必经之地，宁夏固原是中西文化交流过程中使节、商人、僧侣途经较繁忙的地方，是丝绸之路由长安前往河西武威的捷径。

---

①单颖文:《考古报告串起“知识丝路”》,《文汇学人》2015 年 6 月 5 日。

（一）丝绸之路在宁夏的走向

丝绸之路欧亚大陆走向划分为三段：东段（起自长安，止于玉门关）、中段即今新疆地区（帕米尔高原以东）、西段（帕米尔高原以西的中亚至欧洲或印度），穿过中亚木鹿（今土库曼斯坦马里），取道波斯（伊朗），到达伊拉克、叙利亚。这条通道东起长安，西至东罗马首都君士坦丁堡，横跨欧亚大陆。按中国境内绿洲丝绸之路走向划分，也分为三段：长安—凉州道为东段，凉州—敦煌、玉门关、阳关为中段，帕米尔高原以东为西段。宁夏的地理位置处在丝绸之路东段北道。穿越宁夏境内丝绸之路的具体走向有两大通道：长安—凉州道、长安—灵州道。

1. 长安—凉州道

长安—凉州道所经过的丝绸之路东段，又分为南、中、北三道，陇山道（南道）、六盘山道（中道）、萧关道（北道），固原的地理位置正处在东段北道的交通要道上。

东段北道的走向：从长安临皋（今陕西西安西北）经咸阳县驿出发西北行，经醴泉、奉天（今陕西乾县东），到邠州治所新平县（今陕西邠县），沿泾水河谷北进，过长武、泾川、平凉，入固原南境弹筝峡（三关口），过瓦亭关，北上原州（今宁夏固原）；沿清水河谷，再向北经石门关（须弥山沟谷）折向西北经海原，抵黄河东岸的靖远，渡黄河即乌兰关（今甘肃景泰东）。由景泰直抵河西武威（凉州）。这是丝绸之路东段南、中、北三道中，由长安抵河西凉州（今甘肃武威）最便捷的丝路干道。研究表明，依汉简记载的丝路里程，北道较南道便捷近200里地。

以北道为主线，还有两条通道：一条是由长安西行陇州后，不再攀越大震关，而是沿陇山东麓过甘肃华亭县，至固原市泾源县，穿越制胜关（秦汉时的鸡头道），过六盘山，即可抵达陇西郡（今甘肃天水）。过鸡头道向西北行，也可沿祖厉河而下，在甘肃靖远北石门川过黄河进入河西。一条是翻越六盘山的中道。北宋时期，穿越六盘山的新线逐渐开启。到了元代，随着成吉思汗西征、忽必烈驻跸六盘山下开城，翻越六盘山西进的道路成为重要驿路。清代以后，演变为今天西（安）兰（州）公路走向的公路。清代、民国时期西行的重要人物的游记，大都有描写三关口至六盘山一带的自然环境与文化遗迹。

丝路东段北道还有一通道——班彪道。其走向由陕西邠县过泾河上董字塬，穿越甘肃正宁县进入庆阳北石窟。这里是蒲水（今甘肃庆阳）与茹水（发源于六盘山，流经青石嘴、彭阳县、甘肃镇原县）交汇的地方，也是丝路延伸的通道。东汉初年班彪前往安定郡（宁夏固原）考察时走这条道，他在《北征赋》中留下的大量历史文化信息足以为证。

东段南线，从长安出发沿渭河，翻越陇山西行，在永靖炳灵寺附近过黄河，进入河西走廊；或者从长安出发越陇山至临洮后，向北经阿干河谷至兰州，再沿庄浪河谷至武威（凉州）。

丝绸之路东段数条线路，其走向殊途同归，都在河西走廊汇聚进入敦煌。

2.长安—灵州道

唐代安史之乱后，陇右地区、宁夏大部被吐蕃占领，丝绸之路陇右道阻塞不通。唐末至五代、宋初，西域、河西往长安或开封的朝贡往返皆取道灵州。灵州，自古就是丝绸之路的重要通道。唐末、五代、宋初，灵州是宁夏北部政治、经济、文化中心，地处黄河东岸，是关中北出塞外的北部重镇，地理位置非常重要。灵州西通河西凉州，向南可与原州（固原）、长安凉州道相连接，北通漠北草原丝绸之路，东连太原一线，是四通八达之地，体现了它所在的交通枢纽的作用和军事商贸重镇的位置。

（1）长安经灵州至河西的道路。长安灵州道，早期连接着草原丝路，是一条重要的通道。唐代以后，缘于一些重大历史事件而史书记载较多。贞观十七年（643 年），唐太宗诏征薛延陀汗会于灵州，三年后太宗至灵州，诏抚漠北诸部内附，被各少数民族首领推尊为“天可汗”。安史之乱后，吐蕃内侵，穿越河西走廊的丝绸之路受阻，西域、漠北与中原各地往来之使节、贸易都由灵州来承担。由安史之乱平息到回鹘汗国崩溃约80年时间，其间，绢马贸易、朝贡岁赐等繁盛。五代后晋天福三年（938年），高居诲出使于阗，宋初王延德出使西州回鹘等都要经过灵州这个中转站。缘此，灵州成为唐末五代及宋初重要的国际贸易城市。

唐末五代至北宋初，因陇右地区为吐蕃、党项等部落所阻，由长安至河西走廊的长安凉州道受阻，故改经邠州（今陕西彬县），北上到宁州（甘肃宁县），沿马岭水（今环江）而上，至方渠（今甘肃环县南杨旗镇）。再继续北上至青刚峡或土桥子（在今甘肃与宁夏交界处），经瀚海（戈壁）入灵州（今宁夏灵武西南）过黄河，出贺兰山口（今三关口）进入今阿拉善旗腾格里沙漠，抵今甘肃民勤县，沿白亭河谷（今石羊河）至凉州（今甘肃武威），与河西走廊“丝路”会合。

五代时期，李茂贞盘踞陕西凤翔，阻断长安至秦州的交通线。中原往西域，都取道由灵武西去的路线。高居诲出行经灵州的线路，大致与此相同：由灵州启程，西行渡过波涛汹涌的黄河，沿贺兰山南北边缘穿越腾格里沙漠，途经党项人的牙帐，逾白亭河，再抵凉州。

通常意义上的灵州道，即指晚唐五代宋初这一历史时段以灵州为中心，连接西域与中原朝贡、贸易往来的主要通道。长安—灵州道，是唐代中后期对长安—凉州北道（固原）的取代，也是对长安凉州北道的延伸，依旧是丝绸贸易之路。尽管其走向发生了变化，但丝绸之路本身所承载的历史使命没有变，仍是新的历史的延续。尤其是安史之乱后，唐肃宗在灵州即位，特殊时期的灵州大督都府与丝绸之路灵州道的开通更是意义重大。“唐末五代，由于民族战争和政治形势的变化，从灵州经回鹘境而入西域的路线便起着沟通东西的作用。”这一时期灵州道的历史意义已经得到了显现。

（2）灵州道的商业与文化。晚唐、五代至宋初，中原与西域、天竺之间的商贸十分频繁。虽然此时海上丝路也在运行，但主要还是在陆路。陆路的通道灵州是必经之地，因为长安—凉州道受阻后，长安—灵州道有其地域上的联系和绝对优势。自西域和天竺东行的各色人进入河西凉州后，接着沿白亭河流域北行直达甘肃民勤县附近，然后东行至灵州，再由此南折达北宋内地北端的环州（今甘肃环县），再入长安。五代时期的后晋，曾遣供奉官张匡邺、鄜武军节度判官高居诲等一行赴于阗册封其王李圣天为大宝于阗国王，于938年十二月自灵州出发，走的就是这条道。高居诲记载了沿途的路线和行踪。

在日本研究者的眼中，经过晚唐、五代的发展，宋初时的灵州，已经成为国际交通都市。作为中转和集散地或交通枢纽，灵州与河西及中原之间有着密切的交通与承载关系。

灵州道上的文化交流和蕃汉交易有：一是来自于北方、西域、天竺、河西等方面的各国朝贡使及其随从；二是天竺僧人及其他西域僧人东来宋朝；三是宋朝西去求佛经者；四是回鹘人经灵州往宋朝内地的商贸活动，包括回鹘人在灵州的商贸活动；五是灵州周围的蕃部在灵州的马匹交易，宋朝在灵州马市卖马运回内地，西凉府六谷蕃部在灵州的马市最为繁忙；六是军事需求，这在灵州同样要紧。由此，可见日本人前田正名所说的灵州的国际交通都市的地位在当时的盛况和历史意义。这种特定的历史意义，就是面对中原的宋朝和河西、西域来体现的。

与宋、辽鼎立的西夏突然控制了已成为国际性的贸易都市灵州之后，整个切断了北部、西部与灵州方面的往来。我们如果站在当时的特定历史背景下看灵州，灵州道的停滞，对于甘州商人来说，无疑是丧失了贩卖西域宝货所获取厚利的通道；对于凉州商人来说，则丧失了灵州马市的通道，土特产没有了销路。商贸活动没有了，其他的文化交流与传播更是无从谈起。

3. 丝路网状布局

汉唐时期绿洲丝绸之路，原州（固原）是必经之地。同时，灵州与原州丝路对接畅通。灵州通往原州的走向是萧关道。《史记·秦本纪》载："秦惠文王后五年，王游至北河。"这里的河，即指黄河。秦惠文王所观的黄河，当在唐代灵州境内。所走的路线是沿着清水河谷地直达黄河岸边的，原州与灵州间自古就有一条通道。同时，灵州又北通草原、西出贺兰山南北进入河西走廊，东进大同、营口一线，彰显着丝路在宁夏的网状格局。

宁夏境内的丝绸之路走向，唐以前的和平时期是原州萧关道，宋以后战时是灵州道；萧关道通则灵州道畅，原州失陷则灵州道受阻。当然，灵州向北与草原道也是相通的，但和平年代走丝绸之路长安—凉州道，捷便且基本为绿洲，不走北方草原道。

灵州道的走向，应该是两条线：一条是灵州—凉州道，属捷径；一条是灵州—甘州道，走草原丝路。灵州—凉州道是凉州畅通时的捷径。五代、宋初，中原使节、商旅及僧侣往返皆走此道。

灵州—甘州道的走向，甘州—居延海（内蒙古额济纳旗）—灵州—长安，大致走向是草原路。唐代大中年间吐蕃占据凉州时，使者、商人等皆绕道漠北，循回鹘旧路或由甘州北趋居延海，然后南下灵州而至长安。凉州被吐蕃占据时，往来于丝绸之路的各色人只能是由长安至灵州，再穿越沙碛至额济纳旗，再绕至甘州。当凉州收复后，灵州—凉州道畅通。

无论是灵州—凉州道，还是灵州—甘州道，都是不同历史阶段的产物，总体上我们都称为灵州道。自晚唐灵州道开通，历五代、宋初，灵州道承担着丝绸之路贸易和中西文化交流的陆上主要任务，是北方南下至长安的重要通道，是中西交通的主要干线。灵州道都扮演着极为重要的角色，对晚唐、五代与宋初的历史产生过深远影响。

（二）草原丝绸之路与宁夏

1.参天可汗道

草原丝绸之路，始于公元前1000年左右，衰微于公元1世纪，但草原丝绸之路仍是重要的通道。此后的过程中，草原路的主体仍传承着，只是走向发生改变，也适应于丝绸之路网状布局的发展。汉代修筑的光禄塞城障向西延伸，与居延泽城障连接就形成了通道。由居延海往西域可不走河西走廊，而是转入阿尔泰山南麓西行，抵达伊州（今新疆哈密）、高昌（今新疆吐鲁番），这是草原丝绸之路的一部分。历史上的丝绸之路，中原安定时期基本走长安—凉州一线，有战乱或不安定因素时，就绕道草原路上去了。《新唐书·李德裕传》记载："承平时向西，路自河西，陇右出玉门……自艰难以后，河陇陷吐蕃，若通安西、北庭须取回鹘路去。"吐蕃占据陇右、河西走廊后，通往西域的丝绸之路就改道。

回纥汗国长期与唐朝维持着友好关系，历代可汗均由唐朝册封。安史之乱中，唐朝军队溃不成军，被近借回纥兵才收复长安、洛阳两京。至德三年（585年）唐肃宗把幼女宁国公主下嫁给领兵入中原作战的葛勒可汗。此后，唐代宗、唐德宗、唐穆宗都先后或将女儿或妹妹下嫁给回鹘可汗。说明不但政治联姻持续，而且草原丝路畅通。

唐贞观四年（630年），东突厥汗国为唐王朝所灭，大漠南北统一，漠北各族首领纷纷入朝，尊奉唐太宗为"天可汗"。"参天可汗道"，是由唐代京师长安前往漠北的重要道路。铁勒诸部酋长尊太宗为"天可汗""天至尊"，不但诸部酋长来大唐朝贡，而且请求在回纥（铁勒诸部之一）以南，突厥以北开一通道，称之为"天可汗道"。它的走向，大致沿灵武北上至回鹘牙帐（即唐安北都护府，今蒙古国和林），然后入伊州，至高昌，通往西域。参天至尊道，就是后来所谓的参天可汗道。全程设置68个驿站，由回鹘牙帐直达长安，成为北方草原诸部落聘使朝贡的通道。其中"中受降城入回鹘道"，应是唐太宗时代所辟的北方游牧诸君长的"参天可汗道”[1]。

贞观二十年（646年）九月，唐太宗亲至灵州（今宁夏灵武西南）。铁勒各部派到灵州的使者多达数千人。《旧唐书·太宗下》记载，北方少数民族首领及其相关人员，“相继而至灵州者数千人，来贡方物，因请置吏，咸请至尊为可汗。”唐太宗写五言诗题碑勒石以记其事。

这年的十二月，回纥铁勒12部首领前往唐朝京城长安朝觐。这是对唐太宗灵武之行的回敬。

“参天可汗道”的开通，使得交通发达，经济发展，文化繁荣，唐代的雄风风靡世界。往来于这条通道上的有西亚、中亚等国的君主和使节。宁夏须弥山石窟、中宁石空大佛寺的开凿，就是这种特殊时期文化繁荣的象征。

唐代是中国历史上空前辉煌的时代，更是丝绸之路繁荣兴盛的时期。755年，安禄山起兵范阳，直逼长安；河西、陇右两镇驻军东调抗击安禄山叛军，吐蕃乘机内侵，陇右十余州县相继陷没。756年，唐朝向阿拉伯帝国阿拔斯朝哈里发曼苏尔（754—775年）求援。曼苏尔派出由4000人组成的阿拉伯军队，协助唐朝军队收复长安和洛阳。叛乱平息后，一部分人带着犒赏回国，一部分人则留居中国。成吉思汗时期蒙古军队的两次西征，将大批征服者迁徙到东方，尤其是工匠和艺人。763年，吐蕃大举入侵，宁夏大部分地方陷入吐蕃势力范围，直到大中三年（849年）。80余年的战乱阻隔了丝绸之路的畅通，昔日中西商贾、使节、僧徒熙攘往来的繁荣景象不存在了，经济文化的交流处于中断状态，丝路文化受到了直接影响。

2.通辽直道与国信驿路

西夏政权建立之后，控制着河套地区大部分地域，但在河套地区东北

①刘迎胜：《丝绸之路·草原卷》，浙江人民出版社，1995年，第176页。

部，包括呼和浩特平原和伊克昭盟（今内蒙古鄂尔多斯）的部分地区却属于辽朝所辖。辽朝契丹族原为游牧民族，当取得幽燕蓟十六州农耕区后，尤其是辽朝建立后，契丹社会发生了巨大变化，在境内出现了城市，皇都上京临潢府（今辽宁巴林左旗南）应运而生。西夏在应对宋朝的过程中，采取联辽攻宋策略。在这个背景下，由西夏都城兴庆府（今宁夏银川）直达辽国上京的“通辽驿道”不但得以开通，而且军事与文化意义十分重要。这条通道不仅是西夏与辽国之间的重要通道，北宋对这条通道的价值和意义研究得也非常清楚。曾巩在他的《隆平集》卷20里就有记载，说西夏人从都城兴庆府过黄河向东北方向，“十有二驿而达契丹之境”，方向和远近驿程都有描述。清代人张鉴《西夏记事本表》附的《西夏地形图》依宋代人曾巩的“十二驿”之说，标出具体的驿站和地名。

当时辽国设上京、中京、西京、南京、东京五道，土地面积广大。以上京为中枢，各京之间道路通达，沿途均设有馆驿。西夏兴庆府至辽国上京的“通辽直道”，是当时重要的通道，道路上设有驿站，以备官员和“诸国信使”食宿。

通辽直道，是夏辽两国使者、商人和僧吕等往来的通道，是出西夏都城兴庆府向东北方向的驿道。国信驿道，也是宋夏时期一条重要通道，是出西夏都城兴庆府向东南方向的一条重要通道。

二、宁夏与古丝绸之路沿线国家的历史渊源与影响

宁夏地理位置特殊，丝绸之路穿越境内，是西域中亚文化、草原游牧文化与中原农耕文化交融荟萃之地。从地理空间看，宁夏属西北地区内陆，没有直接对应相关国家，但东西文化的交流与影响是宏观的，古代中国与中亚的文化交流，中国与阿拉伯的交流都是通过丝绸之路进行的。随着丝绸之路经济带的启动，中亚与阿拉伯国家文化旅游线路逐渐变得热门。从历史发展过程中的几个点即可看出其渊源影响力。

（一）中亚文化交流与粟特人在宁夏

中亚即哈萨克斯坦、吉尔吉斯斯坦、塔吉克斯坦、乌兹别克斯坦、土库曼斯坦五国。哈萨克斯坦南部的一些古老城市，就沿着丝绸之路呈链状分布。这里曾是贸易、手工业、艺术的中心，为整个中亚地区的经济和文化发展作出过重要贡献。

昭武九姓人的家园在中亚，位于中亚阿姆河与锡尔河流域。这里分布着大大小小的绿洲，绿洲上生活着康、安、米、曹、何、史、石等国的众多民族，中国的典籍里称其为“昭武九姓”。“昭武九姓”人是宗教信仰多元、文化素质较高的民族。史国史姓粟特人，作为丝绸之路上东来的人群，在历史上很有影响，尤其是一个很会经商的民族。《旧唐书·西域传》里记载，粟特人“善商贾，争分铢之利”。从地理意义上，两河流域正当丝绸之路亚欧大陆的枢纽，地理优势极为明显，东可向中国，南可至印度，西可至波斯、拜占庭，东北可达蒙古，这个特殊的空间，为粟特人创造了凭借丝路获取丰厚利润的渠道，有史料称这里为丝绸之路黄金贸易最大的中转站。用现在人的眼光审视，粟特人实际上是穿越古代欧亚内陆及周边国家往返于丝绸之路的国际商人。

在这样一个背景下，经过两汉、魏晋南北朝的发展，精明而逐利的粟特人已不想坐地为贾，而是要走出两河流域沿丝路东进掘去更多的利益。粟特商人沿丝绸之路不断进入中国，进入丝绸之路必经之重镇——固原。

固原是汉唐关中北出西进的重镇，为丝绸之路东段北道必经之地。特殊的地理环境和适宜的丝路驿站，吸引了东进长安的粟特商人。他们看重了固原，驻足于固原，或者为官隋唐，或因巨商成为贤达，都曾与固原结缘。一千多年后，由于地下考古发掘获取大量中西文化信息，人们终于知道了这段厚重的充满中西文化魅力的历史时空。20世纪80年代初，考古工作者在固原城南陆续发掘了系列的墓葬群，后人称为北朝和隋唐墓地。1982—1987年，考古工作者先后在固原县南郊乡相继发掘隋唐时期墓葬9

座，其中6座为中亚史姓家族墓，他们分别是隋代正仪大夫、右将军、骠骑将军史射勿之墓，唐代请大夫、平凉都督、骠骑将军史索严之墓，唐左亲卫史道洛之墓，唐司驭寺右十七监史铁棒之墓，唐游击将军、虢州刺史、直中书省史诃耽之墓，唐给事郎兰池正监史道德之墓，这6座墓葬分别属于一个大家族中的两个家族。墓葬中出土的保存完好的墓志铭，记载了史姓家族的经历，尤其以墓葬群的形式出现，在全国考古发掘中也实属罕见，它见证了丝绸之路在固原的繁荣和固原在当时的重要地位和影响力。

唐代，是一个开放的国度。丝绸之路是个标志，中西文化往来融合呈空前之势。当时，活跃于中亚地区两河流域的粟特人，沿丝绸之路商贸通道东来徙居固原，并非仅仅是商人，深层扮演着传播中西文化的角色。自北朝以来，他们就通过丝绸之路往来于中亚和中国之间。史姓家族主要成员早在北魏时已迁居固原，北周时已步入仕途，以族居的形式落籍固原。善于经商的粟特人，即使进入仕途，也不会放弃经商。他们不仅在中国做官并经商，而且将中国传统文化融为一体，以籍贯为固原人的身份自居。据《墓志》载，史射勿自称这个家族就是平凉平高县人，即今固原人，他曾是北周隋朝的武将；史可耽从隋朝开皇年间即入仕中原王朝，供职京师长安，在中书省任翻译。尤其是其妻康氏死后，续娶汉族张氏女为妻。他们从籍贯、民族成分和出仕等多个方面完全融入中国，体现的是中国传统文化的意义。墓地出土的石床与石门等高规格的丧葬遗物，同样见证了史姓家族的贵族阶层和官僚身份。

（二）阿拉伯文化及其交流

《史记·大宛传》记载："条枝在安息西数千里，临西海。"汉代（公元前206—220年）称阿拉伯地域为"条枝"，安息即波斯（现伊朗），西海即波斯湾。《汉书·张骞传》记载："因益发使抵安息、奄蔡、条枝、身毒国。"典籍里已有具体的记载。7世纪中叶起，随着阿拉伯帝国的建立和对外联络的开放，中阿关系日益密切。唐高宗永徽二年（651年），阿拉伯第三任正统哈里发奥斯曼已正式向唐朝派遣使者。此后，唐、宋、元、明与中亚、阿拉伯国家的经贸与文化交流不断，作为丝绸之路上桥梁和纽带的阿拉伯人，将造纸术、雕版印刷术、指南针和火药传入欧洲。阿拉伯国家的天文学、数学、医药学、建筑学等也传入中国。丝绸之路这条交通大动脉，将中国与中亚和阿拉伯国家紧密地连接在一起，便利和繁荣了丝绸之路沿线国家间的经济往来和文化交流。

宁夏与中亚的关系历史悠久，就重大历史事件看，一是唐太宗在灵武会见北方草原游牧民族首领，其中就有中亚的一部分。二是唐“安史之乱”后，为了平定安禄山之乱，唐朝借用“大食国”的军队平叛。大食国，实际上是唐宋时期横跨欧亚的阿拉伯帝国。参与平叛的军队有一部分留在了宁夏。三是成吉思汗和他的后人数次西征，带回并落脚在宁夏的部分“回回人”。四是宋夏对峙时期，途经宁夏灵武的宗教社团。

（三）古丝绸之路对宁夏的影响

古丝绸之路对宁夏的影响，主要表现在两大方面。一是丝绸之路中西文化交流过程中在宁夏的文化遗存，中国与中亚国家联合申报丝绸之路世界文化遗产的预备名单中宁夏有 4 个（固原古城、须弥山石窟、固原城南隋唐墓地、开城安西王府），虽然没有进入最终获准公示名单，但它们的历史经历与中外影响力是客观存在的。此外，宁夏北部中宁大佛寺石窟、盐池县唐墓等，都是丝绸之路留在宁夏的国家层面上的文化遗产。二是奠定了回回民族的形成。成吉思汗西征带回大量中亚、西亚的回回人能工巧匠，包括一定数量的探马赤军，这些东来的中亚、西亚人，为回回民族的形成奠定了基础，起到了重要作用。在丝路文化交流过程中，首先是中亚，其次才是地中海地区。丝路最有名的商人中亚粟特人，就是现在乌兹别克撒马尔罕，留在宁夏的文化遗产也多。

8 世纪以后，由于阿拉伯人的东来和唐代中国人向西方经商范围的扩大，海上丝绸之路才逐渐兴起，但绿洲丝绸之路并没有停滞，直到明代。

三、宁夏在“丝绸之路”经济带中的潜力与作用

从历史经历及其折射看，宁夏在“丝绸之路经济带”的潜力与作用，主要表现在三个方面。一是地理优势。丝绸之路的贯通与形成，是古代人长时间的穿行实践出来的，这种地理格局就孕育了其独特的地理价值与意义。为什么西安成为丝绸之路的桥头堡，宁夏作为丝绸之路的重要战略支点，很大程度上都是在地理环境层面上说的，有其潜在的巨大优势。二是千百年来积淀下来的丰厚的丝路文化遗产，它在彰显地方历史文化厚重的同时，成为旅游文化的独特的表现形式，是旅游文化深度开发潜在资源，未来西北地区丝绸之路跨区域旅游合作将会得到很大的提升。三是丝绸之路经济带所依托的地理空间与文化多元共赢的时代走向。

中国与中亚共建丝绸之路经济带大外交格局的确定，丝绸之路再次从国家层面上得到了关注。这条起始于公元前 2 世纪、持续至公元 16 世纪的商贸与文化交流的大动脉，在承载着时空久远的中西方文明的融合与交流的同时，仍在继续书写着新时代的新篇章，彰显着丝绸之路的当代意义。

向西开放战略与丝绸之路经济带发展，宏观指导思想是一致的，战略谋划是一体的。但对于宁夏来讲，一是与中亚新丝绸之路经济带的对接，二是与阿拉伯国家丝绸之路的对接。总体上说，向西开放是中国全面开放的一个组成部分。向西开放的意义之一，就是在于通过发展丝绸之路经济带，向中亚、西亚的双向开放，包括西进的地缘战略。近年来，在对外开放的总体格局中，西部地区开放程度不断扩大。当中亚的战略地位日渐凸显时，丝绸之路经济带的桥梁作用更大。重建丝绸之路经济带，续写“丝绸之路”新篇章已成为文化交流与商贸往来的新趋势。在西部大开发的背景下，近年为实施国家“向西开放”战略，加快构建新的内陆开放型经济格局。中亚国家地大博物，辽阔的土地资源适宜于农牧业发展，尤其是石油、天然气、有色金属和黑色资源，中亚油气管道的开通，将为我国能源

结构优化带来新变化。作为西部地区的宁夏，这种背景为宁夏提供了互补合作的机会，我们应该抓住机遇。

宁夏提出全面建设开放宁夏、富裕宁夏、和谐宁夏、美丽宁夏，开放宁夏列在首位，体现了自治区党委全面深化改革，推进和提升宁夏经济建设的新思路。这在宏观战略视野上，与国家建设丝绸之路经济带的战略构想是一体的。早在 1990 年 9 月，兰新铁路向西延伸到阿拉山口，标志着东起我国连云港等港口、西迄荷兰鹿特丹等港口长达万公里的第二亚欧大陆桥贯通，处在运输网络末梢的西北地区，成为连接东亚和中亚、亚欧两大洲的腹心地带。开放宁夏，是指对内对外全方位开放，是一个全新的战略构想。

当前，宁夏的“两区”建设需要宁夏实施开放战略，构建内陆新格局也需要宁夏实施开放战略，建设国家丝绸之路经济带更需要宁夏实施开放战略。古丝绸之路上的商队和使团（者），不仅促进了东西方的商业贸易，也传播着东西方文化。文化交流的途径与形式，许多时候是通过商业往来进行的。丝绸之路商贸为中亚、西亚各国的物质需求带来了更多的企盼，物质资料本身，往往也需要互换交流。丝绸之路如同铺就的一张网络，四通八达，为中西贸易与文化交流奠定了历史性的基础。从当代意义审视，也为我们今天建立丝绸之路经济带提供了延伸的背景文化和历史参照。

宁夏是丝绸之路东段北道必经之地，也是丝绸之路上的一大驿站。宁夏所处的地理位置，正当丝绸之路必经之地。南部固原，北部灵武，不同历史时期的丝绸之路纵贯宁夏全境。两千年前，丝绸之路将东方大国与阿拉伯半岛上的诸多部落和古国连在一起，商贸与文化交流共同书写着那段辉煌的文明史。历史典籍里的记载，地下出土文物的证实，都在以不同的形式揭示着曾经的历史。追溯历史，自然地理意义上的格局样式没有变，古丝绸之路所连接的中亚、西亚的地理空间和态势没有变，但丝绸之路商贸与文化交流的历史及其延伸的空间却在发展和延伸，当前的意义越来越宽广。在海洋文明继续发展的同时，重新审视陆上丝绸之路的历史意义和价值，追溯和衔接新世纪背景下的中阿商贸，应该是宁夏充分利用区位优势、融入丝绸之路经济带建设的新机遇，也是进一步研究古丝绸之路商贸与文化交流对当今建设新的丝绸之路经济带的深远意义所在。

宁夏丝绸之路经济带建设保障条件研究

李保平

2013年9月，国家主席习近平在访问哈萨克斯坦时，提出了建设丝绸之路经济带的战略构想。丝绸之路经济带与21世纪海上丝绸之路战略构想的提出，是我国基于地缘政治、能源安全、全方位对外开放所作出的重大战略决策。宁夏是古代丝绸之路的重要节点，是古代丝绸之路贸易与文化交流的重要区域，早在20世纪90年代，宁夏就提出向西开放的问题。进入新世纪后，宁夏向西开放步伐明显加快，中阿经贸论坛、中阿博览会成功举办，宁夏因中阿博览会而成为国家西进战略的重要支点。积极参与丝绸之路经济带建设，为宁夏经济发展提供了前所未有的机遇。如何牢牢抓住这次机遇，充分发挥宁夏在丝绸之路经济带建设中的作用，是需要我们深入研究的重要课题。其中，探讨宁夏在丝绸之路经济带建设中的保障条件和相对优势，加强薄弱环节建设是宁夏在丝绸之路经济带建设中发挥重要作用、取得切实成效的关键。

作者简介：李保平，宁夏社会科学院社会学法学研究所所长，研究员。主要研究方向为法理学、民族法学、法社会学和宁夏社会稳定问题。

一、观念转变仍是宁夏丝绸之路经济带建设需要解决的首要问题

观念是行动的先导。丝绸之路经济带建设是在党的十八大和十八届三中全会召开后，我国推进的重大发展战略。行政审批制度改革、国家治理体系与治理能力现代化、市场在资源配置中的决定作用等是新时期改革的重要内容，也是观念革新的重要领域。如何以十八大和十九大精神为指导，推进丝绸之路经济带建设，是宁夏丝绸之路经济带建设取得实效的前提。结合宁夏实际，我们认为，思想观念的转变对新形势下推进宁夏丝绸之路经济带建设健康发展意义重大。

（一）要准确理解和把握作为国家战略的丝绸之路经济带建设的科学内涵

从历史看，丝绸之路客观上表现为特定的线路进而与特定的区域相连，因此，丝绸之路经济带建设往往容易被理解为特定区域的工作，当区域外的主体参与时，便就有了对丝绸之路经济带建设主体泛化的担忧。由于客观上把国内丝绸之路经济带建设局限在古代丝绸之路沿线，且历史上这些区域大都属于传统的西部，因此，也容易把丝绸之路经济带建设与西部大开发联系起来，认为丝绸之路经济带建设就是西部大开发在新时期的延续。上述观念在当前西部省份有一定的市场，一方面它体现了对丝绸之路经济带建设的排他心理，希望参加的主体越少越好，参与者的利益就越大；另一方面则希望将丝绸之路经济带建设与西部大开发捆绑，以便在政策的支持下获取国家更多的投资和项目。笔者认为，上述思想的产生有多种原因，有思想观念的原因，也有对国家政策与治理方式的路径依赖，但其中最主要的还是对丝绸之路经济带建设作为国家战略理解不深、不透，甚至出现误解。从国家战略的高度看，国家是作为一个整体参与建设的，参与主体的多元化是必然趋势。西部省份因其地缘优势和历史文化优势参

与丝绸之路经济带建设并承担重要功能并不意味着丝绸之路经济带建设主体的“西部化”。西部省份要找准在丝绸之路建设中的定位，通过积极努力、搭建平台、参与竞争加入丝绸之路经济带建设，而非因地缘优势自然获取参与资格，享受建设成果。从经济实力看，西部以外的省份参与丝绸之路经济带建设不但对推动丝绸之路经济带建设作用巨大，而且对促进西部发展也有着重要的影响。在丝绸之路经济带建设中，如果西部省份获得了较大的参与份额，承接了东部的产业，获得了基础建设的投资，在客观上将对西部发展起到积极地推动作用，但这种促进与定点发展西部的西部大开发有明显的不同。在中阿合作论坛第六届部长级会议上，习近平总书记提出构建“1+2+3”的合作格局，从该模式所包含的内容看，丝绸之路经济带建设不但承担着国家能源安全的使命，而且承担着将东部发达的制造业和高科技产品向丝路沿线转移的重任，这些显然都是西部各省份无法完成的。所以，就宁夏而言，只有在丝绸之路经济带建设中找准目标定位，发挥优势，彻底摒弃等靠要思想，打消宁夏在传统丝路沿线上的优势心理，通过刻苦努力，科学规划，积极争取，才能搭上丝绸之路经济带建设的顺风车，把国家发展战略优势转化为宁夏的发展优势。

（二）丝绸之路经济带建设要实现由政府推动向政府与市场双轮驱动，更加重视市场的理念转变

我国传统的治理方式是政策推动，治理理念是行政主导，政府在经济发展中起主导作用，往往不同程度忽视了市场主体和其他社会组织的作用。政府主导可以充分发挥和调动各种资源，见效快，但政府主导最大的弊端是在缺失市场主体的情况下，这种运动式治理的方式不具有可持续性，往往声势很大，收效甚微。党的十八大特别是十八届三中全会明确提出要充分发挥市场在资源配置中的决定性作用，丝绸之路经济带建设作为一项国家发展战略，市场主体应该也必须是经济带建设的主力军。将丝绸之路经济带建设看成是政府的事，倡导政府动起来，不同程度忽视市场主

体和社会其他组织的参与，由政府唱独角戏，这种思维方式必须改变，在这方面我们也有一定的经验和教训需要汲取。由于丝绸之路经济带建设是作为国家战略提出并实施的，政府作用不能忽视，特别是像宁夏这样的省区，政府在项目争取、基础设施建设、规划制订、服务保障方面将发挥重要作用，但这也不应该成为忽视市场主体的理由，再好的规划也需要企业等市场主体去实施。实现丝绸之路经济带建设中的政府与市场主体的双轮驱动，充分发挥市场主体的作用，制订出符合市场经济规律和宁夏实际的规划，是丝绸之路经济带建设取得实效和可持续发展的基础。所以，规划的基础应包含谁参与和如何参与，而非单纯由政府设定的宏大发展目标。

（三）丝绸之路经济带建设要从突出经济建设向经济、文化发展并重的理念转变

在信息化发展的新阶段，社会各领域的发展关联度越来越高，经济建设早已超越单纯的经济发展思维，而与政治、社会、文化、生态融为一体，形成一种和谐共生、相互促进的关系。所以，丝绸之路经济带建设，不单纯是发展经济，社会各领域的发展也要协调推进。古老的丝绸之路既是一条商贸之路，也是一条文化交流之路。在新丝绸之路建设中，文化交流是推进新丝绸之路经济建设的重要推手，文化合作构成新丝绸之路经济带建设的重要内容。历史文化资源是西部省区参与丝绸之路经济带建设的优势，也是在丝绸之路经济带建设中西部可以发挥重要作用的领域，可以与东部的产品输出、技术输出形成有效的互补。在文化与经济的关系上，我们长时期实行文化为经济服务的政策，倡导“文化搭台，经济唱戏”，这种将文化交流功利化的做法，不但使文化失去了原有的意义，被庸俗化，也使文化的交流停留在表层，无法发挥文化交流的真正价值和影响。丝绸之路经济带建设中，文化建设是目的而不是手段，和经济交往一样，文化交流构成丝绸之路经济带建设的重要内容。特别是在地缘政治复杂的中亚、中东、南亚地区，文化交流对丝绸之路经济带和海上丝绸之路建设

意义重大，它不但是经贸交流的重要保障，也凸显了丝绸之路经济带建设和平共荣的理念。

（四）丝绸之路经济带建设要实现由以我为主的单向型思维方式向树立互利互惠、合作共赢的市场理念转变

在对外开放和交流的过程中，人们往往容易陷入一种单向思维定式，以自己为中心去判断、度量别人的需求，并依此设定目标、方法，而没有站在对方的角度看待问题。它遵循的是我有什么（输出）、我需要什么（引进）的逻辑，追求的（或更多考虑的）是自己的发展和利益，不同程度忽视了对方的感受，从而给双方的经济合作造成困难。2014年6月5日，习近平总书记在中阿合作论坛第六届部长级会议开幕式上明确指出："中国追求的是共同发展。我们既要让自己过得好，也要让别人过得好。"互利互惠、合作共赢的理念不但体现了中国在推进丝绸之路建设中的全新思维，也为同丝路沿线国家的合作奠定了坚实的基础。2010年以来，宁夏通过中阿经贸论坛和中阿博览会推动了宁夏同中东阿拉伯国家的经贸合作，取得了一定的成果。在今后的工作中，如何遵循市场经济发展的规律，站在市场的角度看待问题，审视我们的优势与不足，制订切实可行的发展规划，是宁夏打造内陆开放型经济试验区，推动丝绸之路经济带建设取得成效的重要条件。从目前中东、西亚国家的产业结构特征看，宁夏可以利用区位优势和产业优势，优先同这些国家开展科技农业、畜牧业、旅游文化等方面的合作，将宁夏的比较优势与西亚等国家的发展短板结合起来，形成有效的互补，只有如此，才能夯实双方发展的基础。

（五）丝绸之路经济带建设要从中国经验向尊重所在国风俗、民情、法律转变，要从注重政府间的合作向注重企业、民间交流合作转变

中国企业的海外投资随着中国经济的快速发展和经济实力的增强，近年来呈现出快速增长的趋势，丝绸之路经济带建设中，我国企业也必然要走出国门。客观地讲，能走出国门的企业在国内都是在管理和经营业绩上

表现比较好的企业，他们在国内往往形成了较为成熟的管理规范和运行模式，这些规范和运行模式有些是和国外接轨的，有的则不可避免地带有浓厚的中国“特色”。比如，有些企业迷信“搞定政府和官员就可搞定一切”“有钱能使鬼推磨”，注重同所在国政府高层建立良好的关系，忽视了同所在国民间的沟通，没有考虑到国外社会组织力量的强大和国际非政府组织（NGO）的影响，给中国企业的海外拓展和企业形象造成负面影响。在经济全球化的时代，全球社会治理中最为突出的特点就是以 NGO 为代表的社会组织的兴起，他们在国际、国内事务中发挥了重要作用，由于我国非政府组织发展滞后，在这方面我们缺少深切的体会，也缺少同非政府组织打交道的经验。虽然丝绸之路沿线国家大部分处于发展阶段，但受国际大环境的影响，国内社会组织发展较快，NGO 对这些国家的影响也非常大，如何同这些组织合作交流是我们面临的新课题。大力发展我国的社会组织，包括各类智库，加强同 GNO 的联系与沟通，加大民间社会组织和研究机构参与对外交流与合作力度。

二、内陆开放型经济试验区的特殊优惠政策是宁夏丝绸之路经济带建设的动力

我国的改革开放，是一部政策推动的历史。政策不但是改革的动力，也决定着改革的深度和边界，所以，执政党的政策在中国具有十分重要的意义。虽然近年来人们对政策推动改革的模式提出许多不同意见，但是在短时间内政策的驱动效应恐怕还会延续。所以，在丝绸之路经济带建设中，政策的制定与执行便有着重要的价值。

（一）深入领会和研判国家丝绸之路经济带建设政策，最大限度发挥政策效用

丝绸之路经济带建设是国家倡议，国家政策与政策目标是宁夏推进丝绸之路经济带建设的推动力量，也是宁夏制定丝绸之路政策与发展规划的

重要依据。以前，由于国家在战略层面对中阿合作的重要意义没有明确表述，制约了宁夏在推进中阿合作和丝绸之路经济带建设中发挥更大作用。习总书记的讲话，明确了中阿合作的战略意义，为宁夏更好地发挥自身人文、地缘、资源、先行等优势，依托中阿博览会这一国际性开放平台，主动承接国家战略，探索参与“一带一路”倡议提供的千载难逢的重大机遇。中央的精神有了，还需要对中央精神准确领会并在此基础上制定宁夏相关政策，把政策的效用发挥到极致，把政策的红利落到实处。

（二）以内陆开放型经济试验区建设为契机，以民族自治地方立法权为依托，抓紧出台相关法规政策，充分开拓发展空间，推动不同主体积极参与丝绸之路经济带建设

同西部其他省份相比，宁夏的最大优势是全区开放的内陆开放型经济试验区建设，内陆开放型经济试验区的建立，使得宁夏成为西部最优的投资洼地和政策福地，加之宁夏又具有民族地方的立法权，从而使得宁夏在政策与法规的制定方面具有明显的优势。如何利用宁夏的立法优势，立足宁夏经济社会建设需要，制定一批符合宁夏实际，同时又能推动宁夏丝绸之路经济带建设健康发展的重要的政策法规，依法推进宁夏的各项改革事业的发展，是需要我们认真思考并快速落实的。要抓紧制定出几部内陆开放型经济试验区建设急需的法规，奠定内陆开放型经济试验区建设的法制化架构。当前应尽快将制定《宁夏内陆开放型经济实验区建设规划》《宁夏内陆开放型经济实验区建设条例》纳入立法规划，明确各种市场主体的法律地位，要加快制定《宁夏内陆开放型经济试验区鼓励投资条例》《宁夏慈善园区投资促进条例》，依据世贸规则和我国对外贸易法规，制定《宁夏内陆开放型经济试验区商品进出口管理办法》，使内陆开放型经济试验区的各项优惠政策有法可依。

要通过政策法律杠杆，撬动企业等市场主体参与丝绸之路经济带建设的积极性，通过政策引领，法律保障，推动宁夏企业实施走出去战略，最

大限度发挥市场主体的能动性，解决政府与市场两个积极性的问题，是宁夏丝绸之路经济带建设持续发展的重要前提和关键环节。

（三）制订文化发展与文化交流规划，创新文化交流内涵，参与文化交流活动，实施文化先行战略

文化交流与合作，是新时期丝绸之路经济带建设的重要内容。要充分利用宁夏优势，抓紧制订宁夏参与丝绸之路经济带文化合作发展规划，该规划要立足宁夏，面向丝路沿线国家，全面展示宁夏黄河文化、回族文化、西夏文化、红色文化的魅力，并以此为基础确定文化交流项目；要加大宁夏哲学社会科学研究机构与丝路沿线国家的科研合作，特别是要加强对沿线国家法律法规、风土人情、经济社会等方面的了解，为自治区党委、政府和企业科学决策提供依据；要积极争取国家文化交流平台落户宁夏，重大活动由宁夏主办，把宁夏打造成丝绸之路经济带建设中重要的文化聚集区。

三、制度建设与机制创新是宁夏丝绸之路经济带建设的运行保障

内陆开放型经济试验区建设不是特殊政策的叠加，其核心是通过政策激励实现制度创新，所以，制度建设在内陆开放型经济试验区建设中的意义和价值不容忽视。当前，在丝绸之路经济带建设中，急需建立如下机制。

（一）建立与中央部委的沟通机制和与丝绸之路沿线省份联席会议机制，反映诉求，交流情况，避免重复建设和恶性竞争

丝绸之路沿线省份是丝绸之路经济带建设的重要参与者，为丝绸之路经济带建设提供了通道、平台、产业等支撑，是丝绸之路经济带建设的重要力量。丝路沿线省份大都集中在西部，经济发展相对落后，发展的愿望迫切，希望借助丝绸之路经济带建设的东风，通过积极参与，争取国家项

目支持，推动地方经济快速发展。当前丝路沿线省份总体经济发展程度不高，经济总量不大，如果不能争取到国家大的项目支持，就有可能成为东部产品、技术西进的通道，而无法从参与丝绸之路经济带建设中获益，这是目前丝路沿线省份最为担忧的。积极争取国家支持，特别是将一些重大项目放到本省区，是丝路沿线省份共同的追求，这也是在国家规划未出台之前许多西部省份相继公布各自丝绸之路经济带建设规划，试图以此影响国家规划的原因。西部省份产业结构同质化程度较高，如果无序参与丝绸之路经济带建设，难免会出现重复建设和恶性竞争的现象。因此，建立中央部委与丝路沿线省份的对话沟通机制非常必要，同时，西部各省份也要建立联席会议制度，加强合作与沟通，以集体的力量争取国家更大的支持。

（二）积极探索中阿博览会等大型平台服务经济建设能力机制，切实提高办会绩效

中阿博览会是中阿合作与交流的重要平台，也是宁夏参与丝绸之路经济带建设的重要载体，将中阿博览会提档升级，打造成为我国面向中东阿拉伯国家交流的窗口，是宁夏面临的一次重要机遇。所以，要抓紧深化和研究中阿博览会的顶层设计。中阿博览会的顶层设计除完善办会机制外，还要在如何提高办会绩效上下功夫，在这方面，如何引进中阿双方民间力量参与，特别是双方企业的广泛参与是办会取得实效的关键。要真正提高办会效率，从某种意义上说，功夫其实在会外，制定符合中阿双方实际的优惠政策和法律法规，注重双方的利益诉求，着眼于双方的合作共赢，尊重市场经济发展的规律，是中阿博览会取得实效的基础性工程。

（三）建立维护企业合法权益机制，提高市场竞争力

丝绸之路经济带建设的基础是企业之间的广泛参与和合作，不管什么样的宏大规划，只有落实到双方的企业，才会产生实际的效应，否则一切都是浮云。鼓励宁夏企业走出去，为它们走出去提供包括法律服务在内的一切服务，是政府的主要职责。鉴于目前丝绸之路沿线国家对中国企业的

认同度，我们认为应建立宁夏企业走出去优惠奖励机制、宁夏企业走出去能力评价机制、宁夏企业投资风险评估机制等机制，为宁夏企业走出去提供咨询服务，同时也是维护宁夏企业形象、增强市场竞争力的必然要求。

（四）要建立文化交流互动机制，保障文化交流项目落到实处

文化作为丝绸之路经济带建设的重要内容，在国家规划中已明确了实施项目，各省区也都制定了各自的文化交流项目与平台，如何实施这些项目，需要建立必要的机制；各省区如何科学有序地参与文化交流，也需要有一个遴选的机制以避免无序参与；另外，文化交流的主体、交流的内容、交流的平台和载体、交流的渠道等都需要通过一定的程序机制加以确认。总之，只有机制保障到位，文化交流才能落到实处。

四、建立在历史与文化传统之上的文化交流是丝绸之路经济带建设的桥梁和纽带

美国、俄罗斯等国都曾经从本国利益和地缘政治考虑提出过丝绸之路经济带建设的设想，但这些国家均不是历史上丝绸之路的开拓者、建设者和参与者。所以，历史与文化传统构成我国丝绸之路经济带建设的最大优势，从而使得文化交流与合作成为新丝绸之路建设的必然选择。

（一）文化交流是丝绸之路“民心通”工程的重要载体

外交部部长王毅在中阿合作论坛第六届部长级会议主旨发言中说，共建“一带一路”，民生就业是关键，让更多的普通民众享受到合作的红利，从而为推进合作不断注入新的动力。民生工程是打动人心的重要力量。与此同时，建立在历史与文化传统之上的文化合作与交流，也是“民心通”工程的重要载体：只有加强文化交流，文明才能交流互鉴；只有文化交流，才能加深相互了解；只有加强文化交流，才能形成共识。所以，要实现“民心通”，文化交流不可或缺。

（二）文化传统是丝绸之路经济带建设的历史依据

合法性的追问是现代社会人们思考问题的一种方式，在现代社会，合法性不再单纯是一个法律问题，而是涉及社会发展的方方面面。在国际上，有许多声音质疑新丝绸之路经济带建设，实际上就是在追问新丝绸之路经济带建设的合法性问题。从丝绸之路的历史与沿线国家发展的现实出发，新丝绸之路经济带建设构想的提出，不但有现实的合理性，也有着深厚的历史积淀。丝绸之路沿线国家大都面临发展的要求，和我们一样有着迫切的发展愿望，双方的经济互补性强，只有通过合作，才能实现互利共赢，这可以说是丝绸之路经济带建设的现实依据。除此之外，古老的丝绸之路所产生的历史记忆、文化交流，构成丝绸之路经济带建设的历史依据。从张骞出使西域以来，中国和中亚、中东阿拉伯各国人民长达数千年的交往，这是世界上任何国家所没有的，也是无法企及的，历史文化传统成为我国在丝绸之路经济带建设的优势和特色。

（三）“丝路精神”是丝绸之路经济带建设的推动力量

习近平主席在中阿合作论坛第六届部长级会议开幕式上首次提出并阐释了“丝路精神”的科学内涵，涉及文明宽容、发展道路、经济利益、维护和平等诸多领域，其中，文明宽容是条件，发展道路是关键，经济利益是基础，维护和平是宗旨。丝路精神不但是对丝绸之路经济带建设的高度概括，同时，我们也看到，丝绸精神也是推动丝绸之路经济带建设的重要力量，没有文明互鉴、相互尊重、合作共赢、对话和平，丝绸之路经济带建设就不可能向前推进。

（四）文化传承与发展是丝绸之路经济带建设的可靠保障

丝绸之路文化是丝绸之路经济带建设中文化交流与合作的重要内容，大力挖掘和开发丝路文化，传承丝路文化精神，是丝绸之路经济带建设文化交流与合作的基础。在新时期，在全球化的背景下，我们所面临的文化环境依然发生了许多变化，特别是丝路沿线国家的文化生态和几千年前已不可同日而语，我们将面临着更加复杂的文化环境。这就要求我们在推进文化交流中，既要注重文化传承，更要注重文化创造，只有牢牢抓紧文化传承与文化发展这两条线，既立足历史，又面向现实和未来，我们的文化交流才会有较大的发展。当文化交流达到一定程度和水平时，就会发挥它增进了解、加深友谊、达成共识的功效，从而成为新丝绸之路经济带建设的可靠保障。

宁夏对外贸易形势分析

岳　昭

2017 年，随着国务院、自治区促进外贸回稳向好，各项政策措施逐步落实见效，宁夏产业结构不断优化，营商环境不断改善，外贸新型商业模式快速发展，投资贸易便利化水平稳步提高，企业生产成本进一步降低，外贸企业信心极大提振，全区外贸保持回稳向好态势。

一、2017 年全区对外贸易运行情况

2017 年 1—11 月，宁夏实现进出口总额 311.4 亿元，增长 57.8%（同比，下同）。其中，出口 227.1 亿元，增长 50.6%；进口 84.3 亿元，增长 81.3%。11 月，宁夏进出口 27.5 亿元，下降 1.3%。其中，出口 18.6 亿元，下降 15.6%；进口 9 亿元，增长 53.9%。全区外贸主要呈现以下特点。

一是五市进出口增幅明显。2017 年 1—11 月，银川市进出口 249.1 亿元，增长 65.5%；石嘴山市进出口 32.8 亿元，增长 63.6%；吴忠市进出口 6.5 亿元，增长 110.7%；固原市进出口 1402 万元，增长 33.5%；中卫市进出口 22.8 亿元，增长 0.5%。

作者简介：岳昭，宁夏回族自治区商务厅对外贸易处主任科员。

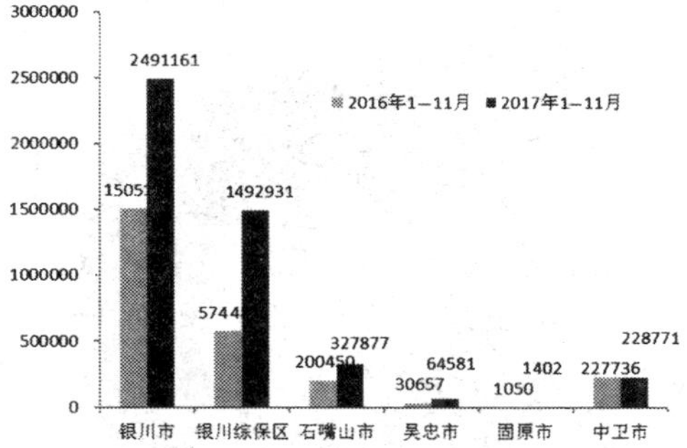

五市和银川综保区进出口情况（万元）

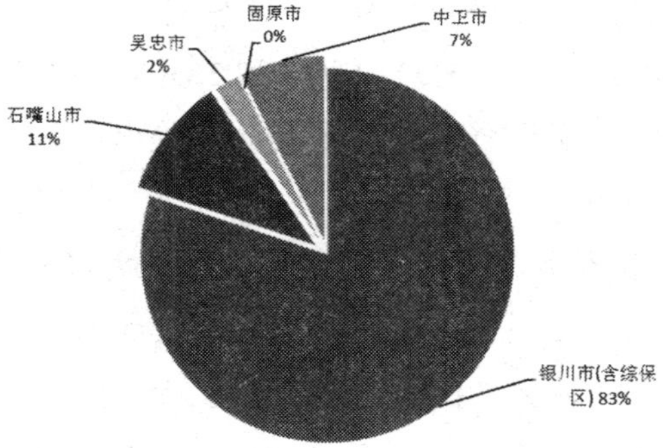

2017 年 1—11 月五市进出口占比

二是主要行业中，农产品、机电、高新技术产业保持良好增势，纺织服装下降明显。农产品、机电、高新技术产业分别进出口 10.5 亿元、67.1 亿元、26.1 亿元，分别增长 19.4%、89.4%和 19.6%；纺织服装进出口 21.3 亿元，下降 36.4%。

三是全区大部分重点企业出口平稳增长，个别企业出口降幅依然较大。全区 30 家重点企业实现出口 86.5 亿元，增长 14.5%，其中，20 家实现增长，10 家不同程度下降。伊品生物、启元药业、紫光蛋氨酸、金银街黄金珠宝、中色东方、共享装备等重点企业出口增势良好，分别增长

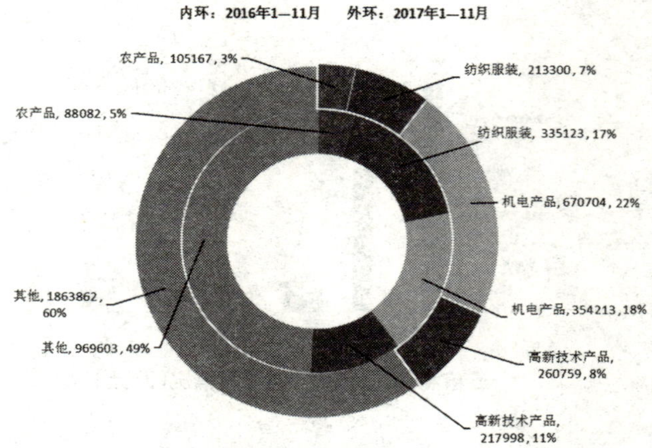

主要行业进出口额及占比

39%、50.8%、48.2%、362.5%、22.9%和38.4%；中银绒业、德泓绒业、佳通轮胎、成丰工贸、埃肯碳素等重点企业出口跌幅明显，分别下降69.6%、52.1%、10.9%、23.6%和15.1%。

四是民营企业进出口保持大幅增长，第一大经营主体地位进一步强化。2017年1—11月，宁夏民营企业进出口245.7亿元，增长74.4%，占宁夏外贸总值的78.9%。其中，出口184.3亿元，增长72.4%，占出口总值的81.28%，继续保持出口份额居首的地位；进口61.4亿元，增长80.8%，占进口总值的72.8%。外商投资企业进出口38.2亿元，增长39.6%，占外贸总值的12.3%。其中，出口21.4亿元，增长16.7%，占出口总值的9.4%；进口16.8亿元，增长86%，占进口总值的20%。国有企业进出口26.3亿元，下降5.5%，占外贸总值的8.5%。集体企业进出口1亿元，增长46.4%，占外贸总值的0.3%。

五是对欧美日韩传统市场出口稳步增长，对“一带一路”沿线国家出口增速加快。传统市场中，对美国、欧盟、日本和韩国等分别出口44.2亿元、44.3亿元、12亿元和14.2亿元，增长130.9%、85.9%、11.2%和79.2%；新兴市场中，对阿拉伯国家及印度、马来西亚、泰国等“一带一路”沿线国家和地区分别出口 9.4 亿元、10.8 亿元、5.2 亿元和 4.4 亿元，增长 10.1%、26.8%、28.8%和 42.7%。

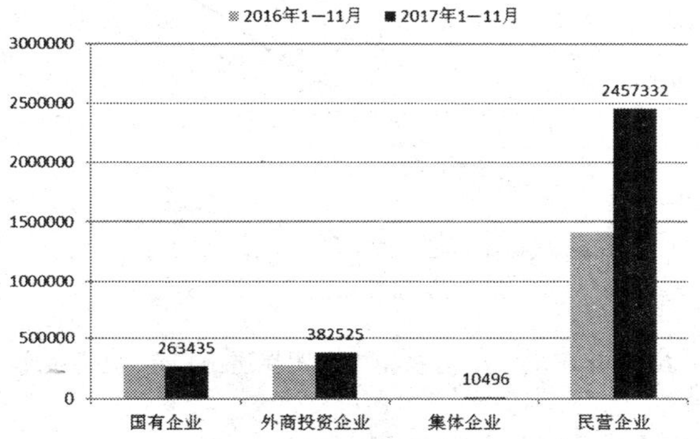

宁夏不同类型企业主体进出口情况（万元）

六是一般贸易和加工贸易均增速加快。宁夏一般贸易实现进出口 272.1 亿元，增长 47.6%。其中，出口 209.4 亿元，增长 44.1%；进口 62.7 亿元，增长 60.6%。加工贸易进出口 36.5 亿元，同比增长 238%，占全区进出口总额的 11.7%，拉动全区外贸增长 13.1 个百分点。其中，出口 17.3 亿元，同比增长 226%，占全区出口总额的 7.6%；进口 19.2 亿元，同比增长 250%，占全区进口总额的 22.8%。

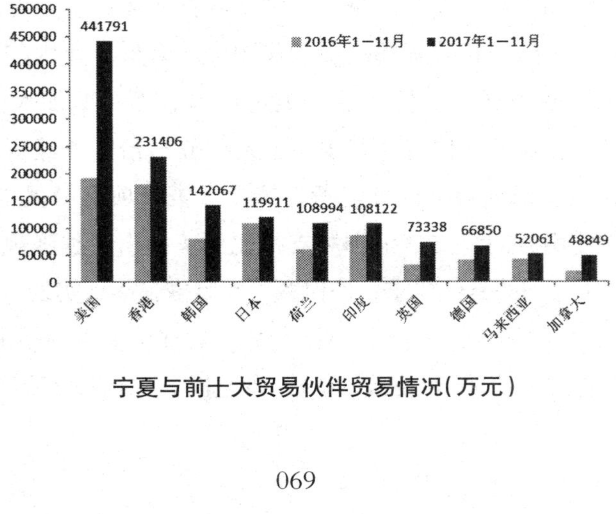

宁夏与前十大贸易伙伴贸易情况（万元）

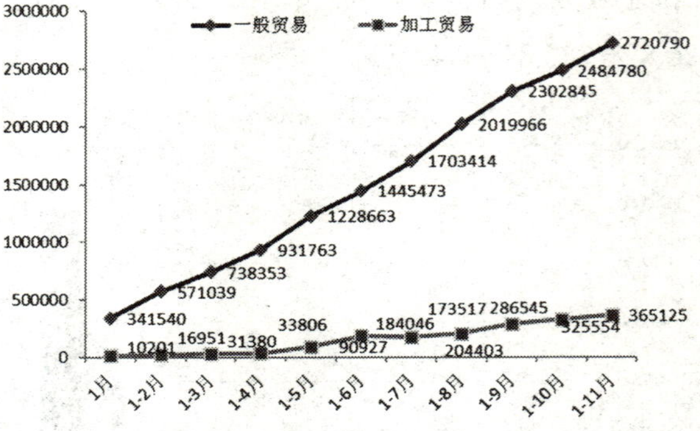

2017 年宁夏一般贸易和加工贸易进出口走势(万元)

二、宁夏对外贸易的措施及成效

2017 年，面对错综复杂的国际贸易形势，宁夏商务主管部门积极应对，多措并举，以强化政策引领为主线，以突出降本增效为目标，着力帮助企业降低物流、融资等生产经营成本，积极培育外贸竞争新优势，积蓄外贸发展新动能，全区对外贸易实现回稳向好、快速稳健增长。

一是着力强化政策引领。在全面贯彻落实好国务院、自治区已出台政策措施的基础上，提请自治区政府出台了《关于促进外贸回稳向好的意见》《关于鼓励加工贸易发展的意见》《关于降低实体经济企业成本的实施意见》等措施，不断强化政策撬动引领作用。从降低企业内陆运输费用、支持企业开拓国际市场、支持企业扩大进口等方面不断加大落实力度。同时，会同自治区财政厅修订完善了《宁夏回族自治区外经贸发展专项资金管理办法》《宁夏回族自治区外经贸发展专项资金项目申报指南》，明确和规范了资金使用方向、支持范围和支持比例，提出了加强规范外经贸发展专项资金使用管理的具体要求，确保各项政策措施落到实处。

二是着力降低企业成本。多措并举，全方位多领域支持企业降低物流、仓储、融资、担保和技改成本，补短板，优环境，促进外溢贸易回流。2017 年，通过实施外贸企业物流费用、出口信保、进口贴息、国际市场开拓等资金支持，直接或间接支持外贸企业降低成本 2.96 亿元。发挥“宁贸通”融资担保平台的作用，扩大融资担保授信额度，帮助外经贸企业降低融资成本，逐步解决外经贸企业融资难、融资贵的难题。会同自治区财政厅设立 1.1 亿元外经贸融资担保资金，注入宁夏宁贸通融资担保公司，为全区外经贸企业提供融资担保和再担保服务。与国家开发银行、中国出口信用保险公司、中国银行、建设银行、工商银行、交通银行、民生银行、华夏银行、宁夏银行、石嘴山银行等金融保险机构签订战略合作协议，推动建立政府、金融、信保、担保、企业“五位一体”融资担保服务体系，撬动金融资本为外贸企业信贷支持，不断解决中小微外贸企业担保难、融资难问题。截至 2017 年 11 月，为全区 41 家外经贸企业提供担保业务 167 笔，累计授信总额 27450 万元，累计担保总额 19027 万元。随着外贸稳增长各项举措的逐步见效，全区外贸发展政策环境的进一步优化，企业生产成本进一步降低，产能过剩问题逐步化解，产业转型升级步伐加快，外贸企业信心极大提振。

三是着力开拓国际市场。通过加大国际市场开拓力度，实施“宁夏制造”市场拓展计划，引导企业创新营销方式，建立国际营销网络，外向型企业国际营销能力不断增强，在巩固欧美日韩等传统市场的同时，不断开拓阿拉伯、东南亚等新兴市场，逐步形成传统市场、新兴市场互为依托、互相补充的多元化市场格局。先后组织 7 批次 70 多家企业赴马来西亚、德国、法国等国家和地区参加国际知名展会。创新组展办展方式，搭建国际交流合作平台。成功举办了 2017 中阿博览会中埃投资贸易推介会和国际产能合作论坛，宣传推介宁夏优势特产品，成功签订一批贸易和投资合作协议，与“一带一路”沿线国家经贸合作日益密切。支持企业开展产品研发、品牌培育、国际品牌并购、建立境外品牌展示展销中心和直营销售网络。组织 102 家企业参加第 121、122 届广交会，年度成交额同比增长 6.4%。

四是着力推动外贸转型升级。支持外贸企业加快供给侧结构性改革，积极培育新动能；推动外贸经营主体协调发展，支持全区特色优势产业和行业龙头企业延长产业链，提高国际化经营水平；扩大先进技术装备、关键零部件、资源型产品的进口，促进产业结构调整和优化升级。2017 年 1—11 月，全区特色农产品、纺织服装及机电、装备制造、精细化工、生物医药等高新技术产品出口 150 亿元，同比增长 62%，优势特色商品出口比重不断上升，“两高一资”商品出口比重持续下降，出口商品结构不断优化。原油原煤、黄金珠宝、天然橡胶、机械设备、有色金属、棉纺纱线、硅体材料进口 74 亿元，同比增长 140%，进口商品比重提高 5 个百分点，外向型经济发展质量和效益不断提升。全区一般贸易实现进出口 272.1 亿元，同比增长 47.6%，加工贸易进出口 36.5 亿元，同比增长 238%，占全区进出口总额的 11.7%，占比提高 6 个百分点，外向型经济发展活力不断增强。

五是着力提高贸易便利化水平。争取国家口岸办将宁夏列为国际贸易“单一窗口”六个试点省区之一，推动国际贸易“单一窗口”系统标准版上线运行，打造了宁夏统一的口岸管理和服务平台；完善 10 部门贸易投资便利化联席工作机制，着力解决外贸企业生产经营中遇到的实际困难和问题；扩大通关一体化范围，进一步完善航空、陆路口岸功能，加快区域通关一体化，实现与更多关检直通直放。积极培育对外贸易新业态。引进阿里巴巴、京东、敦煌网、全球贸易通等国内知名跨境电商平台，加大跨境电商人才培训力度，推进跨境电商孵化基地建设，不断扩大网上商品销售规模，跨境电商成为创新驱动发展的重要引擎和特色优势商品出口的重要渠道。引进和培育外贸综合服务企业，着力提升外贸综合服务平台的运营能力，为外贸企业提供报关报检、仓储物流、融资担保、结汇退税等供应链服务，外贸业态向多元化方向发展。发挥银川综保区、银川经开区、石嘴山经开区承接外向型产业转移的载体作用和开放型经济发展的聚集功能，提升银川经开区国家新能源科技兴贸出口创新基地和中宁枸杞制品、石嘴山专业化工品、银川羊绒制品等国家外贸转型升级出口示范基地建设水平，银川综保区等园区已成为承接产业转移的有效载体和拉动全区对外贸易创新发展的重要增长极。

六是着力提升加工贸易产业转移承接能力。抓住新一轮产业重新布局和国家推动加工贸易创新发展机遇，积极承接东部地区加工贸易产业转移。依托银川综保区、空港物流园区、银川经开区、石嘴山经开区、宁东能源化工基地、生态纺织产业园等载体，重点引进技术含量高、增值空间大、产业关联度高和带动能力强的高端加工贸易项目，鼓励东中部地区企业将整机生产、零部件、原材料配套和研发结算环节向宁夏转移。用好用足加工贸易支持政策，坚持扶大扶强，对新增企业、新增产能、新增产量进行重点支持，降低加工贸易企业内陆运输、技改研发、厂房租赁、技能培训等生产经营成本。

七是着力发挥低成本通道优势。依托中西部地区货物和商旅经停银川转往中东、欧洲和非洲比绕道北上广分别节约20%和30%成本的优势，吸引“一带一路”沿线国家适合航空运输的产业和贸易向宁夏聚集，建设面向沿线国家的区域性国际物流中心，打通宁夏东进、西出、北上的国际物流通道。推动银川至德黑兰国际货运班列常态化、品牌化运行，将其建设成为联通我国“三北”地区至中亚、西亚地区的低成本国际物流通道，在银川形成出口商品的集散基地和进口产品分拨中心，集聚外贸发展新动能。

三、2018年宁夏对外贸易运行环境分析及形势预测

当前，美国经济增长加快，欧洲经济迎来转机，日本经济复苏缓慢，新兴经济体和发展中国家经济增长提速但分化加剧。支撑中国经济保持中高速增长和迈向中高端水平的有利条件不断增多，发展的包容性和获得感明显增强，我国经济运行总体平稳，稳中向好态势持续发展。但中国经济

仍处在结构调整的过关期，持续向好基础尚需进一步巩固。2018 年，宁夏供给侧与需求侧矛盾还没有得到彻底解决，外贸运行不确定、不稳定的因素依然存在，但宁夏外贸回稳向好的基本面没有改变，与国际传统市场、新兴市场产业互补的优势也没有改变，外贸结构优化、动力转换加快和质量效益明显提高的趋势没有改变，宁夏外贸运行有望继续保持稳健增长。

不利的方面：从国际看，全球经济中长期风险仍然存在。一是全球金融环境收紧更加迅速、收紧幅度更大。美国和其他地区长期利率走高，将对较脆弱经济体如欧元区债务高企的成员国等产生不利影响。二是新兴经济体出现金融动荡。部分新兴经济体信贷扩张、债务上升、财政空间挤压，全球金融环境的收紧，将给与美元挂钩、高杠杆和存在资产负债表错配的新兴经济体带来巨大压力。三是发达经济体政策转内向。逆全球化思想涌动、保护主义倾向愈发明显，发达经济体加大对内政策调整、减少全球贸易和投资，加速了新兴经济体资本流出。从国内看，供给侧改革还在深入推进中，转型升级还未彻底完成，中国经济仍处在结构调整的过关期，持续向好基础尚需进一步巩固。从区内看，尽管 2017 年宁夏外贸实现较快增长，外贸发展面临的挑战依然存在。一是 2017 年外贸的快速增长带来的是较大的增长基数。二是受优惠政策的影响，银川综保区流通型国际贸易难以持续保持猛增态势。三是宁夏外贸企业经营成本高、融资难、基础薄弱、配套产业欠发达等不足还没有得到彻底解决。

有利的方面：从国际看，一是世界经济持续回暖。IMF 最新预测将 2017 年和 2018 年世界经济增速分别上调至 3.6%和 3.7%。世界经济正在经历自 2010 年从全球经济衰退暂时反弹以来最广泛最快速的增长期。二是发达经济体表现好。得益于欧元区、日本和加拿大强劲增长带动，发达经济体经济反弹强劲。美国制造业回归，带来 ISM 制造业指数强势攀升至 60.8，高于预期 57.5，创 2004 年 5 月来新高。三是新兴市场国家经济增长好转。金砖国家消费物价指数保持低位。IMF 最新预测，上调新兴市场和发展中国家经济增速至4.9%。从国内看，一方面，国内经济稳中向好态势持续发展。9月份，中国消费者信心指数达118.6，创2011年有可比数据以来新高；制造业采购经理指数（PMI）为52.4，创2012年5月以来新高，显示国内需求旺盛，将继续拉动进口增长。另一方面，企业信心增强。调研显示，我国外贸企业对全球市场回暖感受明显，出口增长预期增强，信心得到提振。从区内看，政策效应不断显现、新兴业态积极培育、外贸企业转型升级深入推进、开放通道优势持续释放、外贸新增长点不断挖掘等利好因素集聚，将为宁夏外贸保持回稳向好发展态势提供有力保障。

四、2018年对外贸易重点工作展望

自治区第十二次党代会提出，主动融入和服务国家发展战略，积极参与“一带一路”建设，着力打造丝绸之路经济带战略支点，构建对内对外开放新格局。面对新形势、新任务、新要求，我们要紧紧围绕把宁夏打造成面向中亚、西亚的战略通道、商贸物流枢纽、重要产业基地的战略目标，抢抓机遇，主动作为，开拓创新，努力推动全区对外贸易提质增效、转型升级、创新发展。

一是充分发挥中阿博览会的平台作用，促进经贸合作蓬勃发展。中阿博览会已成为中阿共建“一带一路”的重要平台。今后我们要突出经贸领域交流与合作，从政府、企业、民间三个层面，搭建商品贸易、服务贸易、技术合作、投资金融、旅游合作五大板块活动，充分发挥中阿博览会平台作用，集中力量全方位、多角度、立体化宣传推介宁夏优势特色商品和品牌企业，扩大经贸合作渠道，不断增强宁夏商品出口竞争力。

二是利用低成本通道优势，扩大双向贸易规模。发现优势是条件，发挥优势是根本，用好优势才是最大的效益。加快开通迪拜经停银川到国内其他大中城市航线，依托中西部地区货物和商旅客经停银川转往中东、欧洲和非洲比绕道北上广分别节约20%和30%成本的优势，推动西亚国家知

名航空公司在银川河东国际机场建设中国枢纽基地，推动航空全产业链发展。依托现有国际航线的低成本优势和时间优势，积极吸引国内及“一带一路”沿线国家的贸易企业和生产企业，尤其是适合航空运输的产业和贸易向宁夏聚集，建设面向沿线国家的区域性国际物流中心，打通宁夏东进、西出、北上的国际物流通道。推动银川至德黑兰国际货运班列常态化、品牌化运行，以回程货源组织为重点，推进与沿线国家的口岸通关合作，建设面向中亚、西亚等地区的矿石、棉花、有色金属等大宗商品进口分拨中心，把银川—德黑兰国际货运班列建设成为联通我国华北、西北、东北至西亚地区的低成本国际物流通道。通过两个低成本通道，在银川形成出口商品的集散基地和进口产品的分拨中心，集聚外贸发展新动能。

三是实施《培育外向型产业内生动力扩大对外贸易规模行动计划(2018—2020)》。今后三年，继续深入实施特色农产品品牌提升、外贸转型升级、国际市场开拓、外贸新业态培育、宁夏制造品牌培育、积极的进口促进、贸易便利化提升等 7 项行动计划，着力培育特色产品国际竞争优势和外贸发展新动能，提升特色产业集群国际竞争力和外向型企业国际经营能力，促进外溢贸易回流和消费回流，促进出口商品结构持续优化，实现优进优出，推进全方位、多层次对外开放。到 2020 年，对外贸易年均增长率保持 20%以上，对外贸易额较 2016 年翻一番，力争达到 450 亿元人民币；特色优势产品出口额较 2016 年翻两番，占比 60%以上；培育出口额超 10 亿元企业 5 家，出口额超 5 亿元企业 15 家，进口额超 10 亿元企业 3 家；培育本土出口品牌 5 个；引进和培育 5 家重点跨境电商企业；培育认定外贸公共服务平台和外贸综合服务企业 3 家。

四是加大招商引资工作力度，积极承接东中部地区产业转移。抓住国家大力支持内陆沿边地区承接产业梯度转移的重大机遇，依托银川综合保税区、空港物流园区、银川经济开发区、宁东能源化工基地等载体，重点引进技术含量高、增值空间大、产业关联度高和带动能力强的加工贸易项目，鼓励东中部地区企业将整机生产、零部件、原材料配套和研发结算环节向宁夏转移。用好用足加工贸易支持政策，坚持扶大扶强，对新增企业、新增产能、新增产量进行重点支持，降低加工贸易企业内陆运输、技改研发、厂房租赁等生产经营成本。依托比较优势，明确招商方向，重点围绕两条开放通道，确定产业发展和招商引资方向；围绕优势特色资源，鼓励医疗保健、细胞和基因工程产业向宁夏转移；围绕已经形成规模优势的能源化工、农产品加工等优势产业，积极开展中下游配套产业招商引资。通过精准招商，积极推动外向型产业创新和集聚发展，着力培育对外贸易新的增长点。

五是积极推动企业“走出去”，扩大国际产能合作。重点围绕当前宁夏主导推动建设的中国沙特（吉赞）产业园、中国阿曼（杜库姆）产业园、中国毛里塔尼亚海洋综合产业园、中国埃及曼凯纺织服装产业园等境外园区，联合兄弟省市区、央企、民企建立“走出去”产业联盟，加快准进境外产业园区建设，让更多的企业带着商品、带着项目、带着服务、带着技术“走出去”。

六是加大改革创新力度，提高贸易投资便利化水平。积极探索贸易通关、外汇结算、企业登记备案等方面的制度创新、机制创新、政策创新，进一步激发市场活力和企业创造力。探索在西部地区率先执行高标准的开放政策，建立由事前监管向事中、事后监管转变的管理新体制和新模式，降低制度成本和交易成本，实现宁夏和丝绸之路经济带沿线国家之间的货物、服务、资金、人员和信息等的双向流动便利化，努力在西北地区打造规范、公正、透明的市场环境。以中国（宁夏）国际贸易“单一窗口”上线运行为契机，加快推进企业推广应用工作，努力实现一个平台、一次申报、一同受理、一并反馈，将进出口环节从“串联”向“并联”模式转变，着力提升贸易便利化水平；以实施准入前国民待遇 + 负面清单管理模式，加快服务业改革开放为突破口，推进投资便利化改革。

宁夏内陆开放型经济发展规划研究

中国社会科学院工业经济研究所、宁夏社会科学院
“宁夏内陆开放型经济发展规划研究”联合课题组

为加快宁夏发展步伐，国务院出台了《关于进一步促进宁夏经济社会发展的若干意见》，提出宁夏要着力发展内陆开放型经济。在更加开放的世界和更加开放的中国这个大背景下，宁夏建设内陆开放型经济，既是中央政府交付的以开放促发展的政治任务，又是宁夏自身实现经济社会又好又快发展的内在要求。

内陆开放型经济是国家对外开放经济的重要组成部分，它通过消除产品和要素的流动壁垒，充分利用现代化的信息技术，实现要素、商品和服务比较充分自由的流动，以便在更广阔的市场上优化资源配置和提高经济效率，最终解决内陆地区面临的战略性难题，形成全方位、多领域、宽层次的开放局面，促进内陆地区实现科学发展和跨越发展。

作者简介：主持人：李平，时任中国社会科学院工业经济研究所党委书记兼副所长，中国区域经济学会理事长，研究员，博士生导师；张进海，时任宁夏社会科学院院长，教授。成员：中国社会科学院：周民良、刘楷、石碧华、叶振宇、王东升。宁夏社会科学院：刘天明、蔡伟、李保平、段庆林、丁克家、李文庆。

说明：原课题《宁夏内陆开放型经济发展规划研究》(2010 年）成果 7 万余字，本文为压缩稿。

一、宁夏内陆开放的战略意义和基础条件

（一）宁夏建设内陆开放型经济的重要意义

1. 对全国的意义

（1）提供内陆地区发展开放型经济的示范。自改革开放以来，中国的开放战略不断深入，目前已经初步形成了全方位、宽领域、多层次的开放格局，沿海地区的开放水平已经比较高，内陆地区尤其是西部地区的开放水平还处在较低的层次上。在这种情况下，宁夏建设内陆开放型经济，就是探索在实践中如何通过开放的思维或理念及其先进的运作模式，整合区内外的各种资源，开拓区内外的广阔市场，提升内陆地区的开放层次，破解内陆地区发展中的战略难点和重大问题，实现经济高效快速发展，最终为中国内陆地区尤其是西部民族地区发展开放型经济提供示范。

（2）探寻生态保护地带实现新型工业化的新模式。宁夏处在中国的生态保护地带，又有着发展重工业的一系列有利条件，宁夏要实现快速发展，必须发展重工业，但又不能仅仅发展重工业，更不能用传统的发展模式发展重工业。在这种情况下，宁夏必须依靠科学发展的理念，率先破解制约和影响工业发展中的难题，把握后金融危机时期低碳经济的发展趋势，充分利用低碳技术、其他相关先进技术及先进的管理模式，降低资源消耗，减少环境污染，从而突破高能耗、高消耗、高排放、低效益的传统发展模式。开展草原恢复、防风固沙、防止水土流失为主要内容的生态综合治理，协调解决好经济发展与资源、环境、社会之间的关系，最终探索出一条在生态保护地带实现新型工业化的新模式。

（3）摸索促进区域协调发展的新路径。区域协调发展一直是中国区域发展中面临的重大问题。宁夏的区域发展不协调问题可以说很严峻，宁夏既有发展相对比较好的地区，也有发展比较落后的地区。宁夏发展开放型经济，一定要在科学发展观的指导下，运用开放型的思维，借助区内外的

各种力量或手段，克服制约宁夏区域协调发展的难点，最终找到一个促进区域协调发展的新路径，为内陆地区乃至整个中国提供借鉴。国家积极推进宁夏等省区同中亚、中东国家的经贸合作，希望以此促进宁夏的发展。

（4）树立各民族和睦相处的样板。中国是一个多民族的国家，自从中华人民共和国成立以来，在全国各民族和睦相处这个大背景下，时有个别的不和谐因素存在，特别是在外国势力的介入下，这种不和谐因素甚至有可能演变为分裂中国的危险因子，这些值得我们高度警惕。宁夏是一个回族自治区，长期以来各民族在宁夏一直和睦相处，宁夏发展开放型经济，一定要预防各种不利于民族和睦相处的因素产生，让发展的成果由各族人民共享，永葆各族人民的和睦相处和共同幸福，最终向全国展示一个促进各民族和睦相处的样板。

2. 对宁夏的意义

（1）促使开放型理念转变为行动纲领。建设宁夏内陆开放型经济，不仅是中央政府对宁夏的高度期望，更是宁夏各族人民的共同愿望。在宁夏内陆开放型经济建设的过程中，通过科学规划研究、深入讨论、全民参与，可以提高各级政府和广大民众科学发展的意识，开放发展的理念，充分调动全社会的力量，发挥各方面的积极性，把开放发展的理念贯穿到经济社会各个领域，使之成为宁夏发展的行动纲领和具体实施方案。

（2）提升宁夏的开放能力和水平。建设宁夏内陆开放型经济，必须以科学发展观统揽全局，把科学和开放发展的理念贯彻落实到发展的全过程和各个领域，实行科学开放的规划、科学开放的决策、科学开放的开发、科学开放的管理。宁夏建设内陆开放型经济，将有利于全面推进宁夏的经济建设、社会建设、文化建设、政治建设和生态建设，促进宁夏经济社会的全面协调可持续发展，提高宁夏的开放能力和水平。

（3）实现宁夏的跨越式发展。实现宁夏科学跨越发展是宁夏建设开放型经济的最终目的，也是检验宁夏开放型经济能否成功的最终标准。宁夏建设内陆开放型经济，就必须从宁夏的实际出发，借鉴沿海发达地区开放开发经验，充分利用一切能够利用的资金、先进的科学技术和现代的管理理念，引进优质人才，解决宁夏发展的战略难题，最终实现整个宁夏的跨越式发展。

（二）建设内陆开放型经济区的现实基础

经过国家长期的大力支持和宁夏自身的不懈努力，宁夏发展内陆开放型经济，目前已具备了较好的现实基础和有利条件。主要体现在四个方面：宁夏已经建立了相对发达的交通体系，宁夏具有较好的资源组合优势和较低的生产要素成本，宁夏有着和谐的民族关系，宁夏已经建立了一定规模的特色优势产业。

二、发展战略定位

（一）全国内陆开放型经济先行示范区

宁夏建设内陆开放型经济先行示范区，一是在西部大开发中发挥重要作用，二是为全国内陆地区发展开放型经济提供示范和借鉴，三是为民族地区科学发展提供样板。

（二）承接国内外产业转移的重要基地

宁夏基础条件较好、资源优势明显、生产要素成本较低，具备承接国际和东部地区产业转移的有利条件。宁夏在承接产业转移中，一要注重市场配置资源；二要注重保护环境；三要注重发挥优势，要因地制宜、突出特色，围绕优势产业和城市功能定位；四要注重培育内生动力，通过引进、消化和吸收，提高产业的自主创新能力，形成具有自身特色的优势产业；五要注重优化布局，突出重点，选择条件相对较好的中心城市和重点开发区域，以工业园区为载体，打造一批承接产业转移的示范基地，树立标杆或样板。

（三）国家重要的新型能源化工基地

实现资源优势向经济优势的转化，是宁夏发展内陆开放型经济的战略方向。宁夏煤炭资源富集，且煤、水、土地资源组合良好，要坚持以资源换产业，实现资源优势向经济优势的转化，大力发展产业链经济，积极培育产业集群，发展下游产品，提高资源转化利用率和产品附加值。要站在国家能源安全和宁夏发展全局的高度，适应市场需求，科学规划、合理布局，高起点、高水平地建设宁东能源化工基地，按照国家的新定位，尽快将宁东建成国家重要的大型煤炭基地、煤化工产业基地、“西电东送”火电基地和循环经济示范区，使宁东能源化工基地成为带动宁夏开放型经济发展的龙头。

（四）全国特色现代制造业基地

国家实施西部大开发战略以来，宁夏大力推进新型工业化和城市化建设，已经形成了一批特色优势产业。目前，宁夏在新材料、装备制造业等方面具有较好的基础和优势；今后要依托现有的基础，加强政府引导和政策支持，以沿黄城市带为重心，积极承接产业转移，鼓励用高新技术和先进适用技术改造和提升传统产业，做大做强优势产业，按照国家提出的“以高新技术产业基地建设为基础，以优势特色产业链建设为纽带，以自主创新能力建设为核心，以重大产业项目为基点”的思路，全面推动宁夏高新技术产业发展，促进产业结构优化升级，力争经过5—10年的努力，将宁夏建成全国重要的现代制造业基地。

（五）全国特色现代农业产业化示范区

宁夏的农业基础较好，特色优势明显。目前，宁夏农业正处于传统农业向现代农业转变的关键时期，要按照国务院的要求，大力发展现代农业，突出区域特色，重点规划和建设北部引黄灌区现代农业、中部干旱带旱作节水农业、南部黄土丘陵区生态农业三大示范区。引黄灌区重点发展枸杞、牛羊肉、奶牛、优质粮食、优质瓜果、设施蔬菜、酿酒葡萄、农产品加工等优势特色产业，着重提高农业综合生产能力和现代化装备水平，构建现代农业产业体系；中部干旱带重点发展以滩羊为主的草畜产业和压砂瓜、红枣等抗旱性强的特色农产品及其加工业，实施生态移民，以水资源的综合利用为重点，提升农业产业化水平，构建中部干旱带旱作节水农业产业体系；南部山区重点发展草畜产业、马铃薯、中药材、观光旅游农业等特色产业，构建南部山区生态农业产业体系。要加快特色农产品加工业的发展，着力提高农业产业化和组织化水平，大力推进农业产业化基地建设，通过外引内联，重点培育一批技术装备先进、核心竞争力强的企业集团，形成若干具有当地特色和资源优势的产业集群，将宁夏建成全国重要的特色现代农业产业化示范区。

（六）西部现代服务业重要集聚区

目前，宁夏的服务业水平不高，但发展潜力较大。要坚持政府引导、市场运作、统筹规划、整合资源，着力促进服务业从传统型向现代型，从以生活消费为主向以生产服务为主转变。今后，要加强对外通道建设，完善现代化综合交通运输体系；加快建设现代物流中心，加快形成开放型的市场体系，大力推进金融业发展和区域金融中心建设，加快发展信息服务和会展服务；此外，要依托宁夏独特的自然和人文旅游资源，大力发展西部特色旅游业。要不断推进宁夏服务业向市场化、信息化、现代化和国际化方向的转变，加快促进服务业行业结构优化，壮大服务业规模，不断拓展新的服务领域，构建优势明显、结构协调、布局合理、外向度高的现代服务业体系，使宁夏成为我国西部地区现代服务业重要集聚区。

（七）独具宁夏文化特色的国际区域经济合作区

宁夏的历史文化资源十分丰富，黄河文化、西夏文化、移民文化和边塞文化等构成了宁夏独特区域文化特征。要充分发挥历史文化资源集聚优势，建设国际文化交流平台。

三、宁夏内陆开放型经济的战略思路

（一）发展内陆开放型经济的战略框架

1. 围绕一个主线：以发展内陆开放型经济拓展宁夏大开发大发展的新空间

应借鉴世界其他地区发展内陆开放型经济的经验，立足国内、面向全球，把建设开放型经济融入宁夏的大开发中，缩小宁夏与发达地区在开放上的差距，补宁夏对内对外开放不足这一课，把建设内陆开放型经济作为推动宁夏经济社会发展的重要动力。

2. 面向“两种资源”“两个市场”——推动宁夏建设内陆开放型经济的着眼点

一是更好地利用国际资源与国内资源。宁夏自然资源相对丰富、劳动力资源供应充足，但是资本、技术、人才等资源供应相对不足，简单地利用本地自然资源与劳动力资源，难以推动宁夏的快速发展。必须利用国内外在资本、技术、人才供应方面的势差，加大利用与重组国内外资本、技术、人才等资源为宁所用，融合宁夏的自然资源与劳动力资源，在吸纳短缺资源，疏通优势资源中完善资源供给保障体系，促进国内外资源的一体化利用，在建设内陆开放型经济中进一步合理组织资源、有效集结资源、科学转化资源与集约利用资源，从制度上、政策上、管理上促进资源的优化配置。

二是更好地利用国际市场与国内市场。内陆开放型经济的发展必须建立在充分掌握市场规律、利用市场功能、发挥市场效用的基础之上，宁夏实现大开发的资源供给与产品流向都必须尊重市场规律和顺应市场规律。应把握后金融危机时代国内外市场变动的新趋势、新特征，准确理解市场变化需要，加紧构筑面向国内外的市场流通网络，加快培育能够集成各类商品与要素的市场体系，进一步发挥市场在引导国内外资源合理配置中的基础性作用，形成政府推动、市场引导的新机制，使国内国外两个市场能够为宁夏的科学发展服务。同时，要规范市场运行秩序，加强市场监管，弱化市场风险的传导功能，尽快构筑防范市场风险的安全网络，在开放中维护宁夏科学发展中的政治安全、经济安全、社会安全、文化安全与生态安全。

（二）在对外开放中实施优化出口结构，积极引进外资和坚持“走出去”三大战略

在低起点上实现高速度，使对外开放成为推动宁夏内陆开放型经济发展的重要动力。要借鉴沿海地区对外开放的经验，以互惠共赢为原则，以一般贸易为重点，以加工贸易为突破口，以服务贸易为补充，以引进外资为辅助，以“走出去”为重要途径，进一步扩大对外开放领域，提高对外开放质量，促进对外开放水平的不断提高。

（三）在对内开放中重点实施产业转移与特色产品输出两大战略

1. 更加积极地吸纳沿海地区的产业转移

随着基础设施建设的不断完善，宁夏在土地、水、电力供应等产品的市场供应及价格竞争方面的优势凸显出来，对沿海地区企业的吸引力增强，引导沿海地区产业转移的优势更加明显。通过制定招商引资目录，灵活招商引资和完善基础设施，吸收沿海地区的成熟技术和适用性产业向宁夏转移，把沿海地区的资本优势与本地丰富的劳动力资源优势有效结合起来，实现资源合理配置。鉴于沿海地区向内地的产业转移将在今后相当长时期进行，可重点面向珠江三角洲、长江三角洲、京津冀地区和港澳台地区，接受和吸纳发达地区的产业转移，并考虑吸收中央企业的投资，以弥补宁夏本地资本的不足。应鼓励沿海地区的企业在产业转移中发展劳动力密集型产业，解决宁夏农村剩余劳动力转移问题，并在扩大规模和强化竞争中充分利用劳动力资源。

2. 进一步推动更多宁夏有竞争力的特色产品走向国内、国际市场

在抢占国内市场的同时，注重走向国际市场，特别是中东阿拉伯国家，是宁夏特色产品的重要输出地。

(四) 适应市场需求，推动宁夏重点产业开放和重点地区开放

1. 积极推动宁夏的产业开放

在产业开放上，面向国内外市场日益扩大的不同需求，应积极引导宁夏各地区调整和优化产业结构，进一步强化宁夏在国内外市场的竞争优势，促进特色优势轻重工业和农业的协调发展。应该依托宁夏的优势资源，积极利用国内资源，加快培育新能源、装备制造业、食品、物流等一批战略新兴产业和特色优势产业，扩大煤炭、电力、化工、新材料、机电、特色农副产品、生物医药、旅游等领域的对内开放，积极支持“专、精、特、新”产业做大做强，深度开发区域内的自然资源，不断延长产业链条，提升宁夏特色产品在国内外市场的竞争地位。要在产业对内开放中注重配套产业建设。

2. 积极推动宁夏的区域开放

在地区开放上，应该在全面扩大各地区对内对外开放的同时，注重推进重点地区的开放。沿黄城市带水资源丰富，城市基础设施完善，经济发展水平较高，人口相对密集，产业各具特色的格局逐步形成，毫无疑问是发展内陆开放型经济的重点区域。要按照规划编制、基础设施建设、产业发展、区域市场、生态环保、公共服务六个一体化的要求，推动沿黄城市带的一体化发展，在高水平建设沿黄经济带中推动这些城市的共同开放。要注重发挥银川、吴忠、石嘴山、中卫、宁东等城市及区域的集聚优势，积极引进外资与内资，加强城市之间的分工与合作，着力打造以银川为中心，以石嘴山、吴忠、中卫为重点，以其他城市和县城为基础，大中小城市相互结合、优势互补、各具特色的开放型城镇群。沿黄城市带的重点开放应与沿黄城市带的重点环境保护结合进行。

3. 大力促进跨地区的产业合作

在重点产业开放与重点区域开放中，应格外重视发展跨地区多产业之间的开放型合作。一方面，应该利用宁夏毗邻陕西、甘肃、内蒙古等区域的优势，扩大省区之间的经济联系与产业合作。应依托鄂尔多斯、乌海、榆林、宁东等地的煤炭优势，大力发展能源化工产业，促进区域电力、煤炭、石油、天然气等领域重大项目的合作；依托农牧业资源优势，大力发展农副产品投资、技术推广、加工、市场营销等方面的合作；依托区域内部丰富的旅游资源，大力推动特色旅游产业发展，扩展并利用好北京—敦煌、青岛—银川、西安—河西走廊等旅游线路，共创西北风情旅游经济品牌，努力建设跨地区旅游产业链。另一方面，应该积极利用宁夏与京津冀和福建、其他回族聚居区合作的传统，深化宁夏与沿海发达省市的产业合作，促进宁夏产品开拓沿海市场。

四、宁夏内陆开放型经济空间结构和功能定位

（一）空间策略

1.基本思路

发展内陆开放型经济，积极开拓市场空间，成为宁夏实现经济跨越式发展的现实选择。需要一种空间政策支持：第一，缩短区内各地市到全国主要中心城市、出海口或对外口岸的经济距离，降低地区对外经贸的成本。第二，明确区域对外开放的重点产业和重点区域，条块结合，点线相连，线面统筹，逐步开放。第三，加强同周边地区进行产业协作。第四，进一步完善基础设施和加大生态环境建设。第五，以资源开发、人口转移、产业集聚为空间布局重点，适度提高产业空间集聚程度。

进一步认识到“1000 公里经济圈”对宁夏实现经济跨越发展的重要意义。银川至天津港和阿拉山口岸的铁路里程分别为 1460 公里和 2837 公里，宁夏主动对接京津冀都市圈具有广泛的发展前景。

2. 策略导向

第一，转变经济发展方向，促进区域协调发展。第二，内外开放双轮驱动，实现地区优势互补。第三，明确区域功能定位，因地制宜推进开放。

3. 重点任务

宁夏发展内陆开放型经济的关键在于缩短经济距离、促进产业集聚和消除地区分割。努力完成三大任务，即构建现代快速交通体系，增强园区经济的集聚效应，加快区域经济一体化进程。

（二）空间结构

从宁夏区情出发，“一圈两带”结构能够落实内陆开放型经济“集约、开放、高效”的布局要求。“一圈”指宁东、内蒙古西部、陕北共同组成的能源化工产业圈，“两带”指沿黄城市带和中部生态发展带。

（三）功能定位

根据地区资源禀赋、产业特点和发展规律，确定宁夏发展内陆开放型经济的功能定位是：积极贯彻落实国务院对宁夏经济社会发展的总体要求，树立和落实科学发展观，坚定不移地推进西部大开发战略，以“一圈两带”为空间结构，着力构建现代内陆开放型经济的空间支撑体系，努力建成节水农业示范区、工业开放投资区、特色文化旅游区和国际合作试验区。

五、宁夏内陆开放产业发展的重点领域

（一）产业发展的基本思路

1. 实现五大战略目标

宁夏内陆开放型经济产业发展的基本思路是：以中央对宁夏实行内陆开放型经济的重要精神为指导，以可持续发展、民族团结、优化产业结构为基本出发点，以打造产业竞争优势为核心，通过建立全方位、宽领域、多层次的对外开放体系，打造具有竞争优势的产业体系以及完善支撑经济发展的保障体系，实现宁夏产业结构的优化升级，从而带动经济的全面发

展。将宁夏建设成为我国新型的能源、煤化工基地，我国西部地区具有竞争优势的特色装备制造业基地，特色农产品转化示范区，宁陕蒙能源区的经济重心和服务中心以及西北地区重要的现代服务业中心。

2. 立足“三个基本点”

立足“三个基本点”，即有利于经济可持续发展，有利于各民族团结和睦，有利于产业结构的优化。

3. 把握好“五个关系”

要把握好对外开放和强化自身产业优势之间的关系，把握好可持续发展和经济增长之间的关系，把握好发展特色优势产业和实现经济增长之间的关系，把握好发挥比较优势和优化区域产业结构之间的关系，把握好发展产业链和深化重点领域之间的关系。

4. 力争实现“五个突破”

要实现对外开放实现整体突破，特色产品市场需求实现突破，优势产业拉动经济增长实现突破，支柱产业建立竞争优势实现突破，服务业发展实现质量突破。

（二）打造具有竞争优势的产业体系

1. 大力发展宁夏的装备制造业

装备制造业是目前宁夏的优势产业之一，要强化竞争优势，做大装备制造业；同时，要提升技术含量，发展新材料产业。新材料产业是宁夏的特色优势产业，将其发展成宁夏的支柱产业，对宁夏工业的发展意义重大。宁夏的特色产业还包括枸杞产业、羊绒产业、乳制品深加工以及马铃薯深加工等产业。特色产业发展对于增加就业、提高农民收入，具有重要意义。目前，上述产业除羊绒、乳制品产业外，大多数产业在产品的生产手段、产品种类、产品的市场定位、管理水平、品牌宣传和知名度等方面，同沿海地区企业或外资企业存在较大差距，正是这些差距，使宁夏特色产业的发展受到制约。

2. 宁夏发展煤化工产业对宁夏和全国都具有重要意义

宁夏的煤炭资源和黄河的水资源，为发展煤化工产业提供了比较好的资源供给，特别是随着石油价格的不断上涨，发展煤化工产业对保障国家的能源安全，具有重要意义。此外，煤化工产业具有高产值和高税收的特点，其将成为宁夏重要的支柱产业和为各级政府提供财政收入的不可或缺的产业。

但煤化工产业对经济增长也将产生负面影响，就现有技术而言，不论是传统煤化工产业还是现代煤化工产业，产业的污染问题始终没有得到较好的解决，特别是当煤化工产业比较集中时，即使单个企业排放达标，但众多企业污染物总量对周边环境的影响将不容忽视，这是宁夏发展煤化工产业必须解决的重要问题。

宁夏发展煤化工产业应充分考虑煤化工产业对宁夏产生的负面影响。第一，要充分考虑煤化工产业的污染对银川市区发展的影响。第二，对宁夏外部要素的引入产生影响。吸引国内外资金、大集团、大公司和优秀人才落户宁夏，对宁夏的对外开放至关重要，但如果没有良好的环境做依托，则很难实现这一目标。

3. 要以农业产业化为引领，大力发展现代农业

宁夏地处内陆，光照充足，沿黄地区水、热配合较好，适宜发展农业，南部地区虽然干旱，但光照充足，昼夜温差大，特别适宜马铃薯生长。由于区内人口相对较少，区内市场对农业的带动作用有限。因此，宁夏农业的发展，必须走产业化道路，通过龙头企业对农户和市场的连接，减少农户风险，推动农业发展。

4. 要建设完善宁夏的现代服务业体系

将银川打造成西部商贸服务业中心、西部内陆地区物流中心、西部文化产业中心、西部特色旅游产业中心。

六、宁夏内陆开放型经济的体制、机制创新及政策措施

一是构建开放合作的产业体系。发展地区优势的特色产业，建设承接东部产业转移园区，促成区域产业协作网络，完善工业园区配套政策。

二是开拓国际经贸交流空间。加大国际招商引资，优化对外贸易结构，深化国际文化交流，实施“走出去”战略。

三是积极拓展投融资渠道。促进金融市场多元化发展，鼓励企业组建企业投融资联盟，加强企业信用体系建设，扶持中小企业担保机构。

四是优化开发开放的软硬环境。转变政府职能，加快发展内陆开放型口岸建设，加强基础设施建设，提升现代物流配套服务层次，增强其他相关配套服务的能力。

五是加强人力、科技资源建设。努力打造人才科技基地，积极吸引各类人才，着力实施人才培训工程。

六是健全内陆开放型经济实施和动态调整机制。加强宁夏内陆开放型经济试验区领导小组建设，出台《关于推进宁夏内陆开放型经济的实施意见》，把宁夏内陆开放型经济试验区相关思想纳入宁夏五年规划之中。

宁夏内陆开放型经济新机制研究

王林伶

"一带一路"倡议是我国对外开放格局的又一次重要探索与实践，为我国内陆地区的开放开发迎来了难得的机遇，必将加快内陆开放型经济发展的步伐，掀起"内陆开放"的新浪潮、新气象、新时代。

一、开放型经济与内陆开放型经济

1978 年，党的十一届三中全会作出了实行改革开放的重大决策，对外开放第一次写入党的决议，成为新时期的基本国策。1979 年，党中央、国务院同意广东、福建在对外经济活动中实行"特殊政策、灵活措施"，作为吸收外资、学习国外先进技术和经营管理方法的视窗，这标志着中国开放型经济发展拉开了序幕。党的十八届三中全会提出："全面提升开放型经济水平，创新开放模式，促进沿海内陆沿边开放优势互补，形成引领国际经济合作和竞争的开放区域，培育带动区域发展的开放高地。"①

作者简介：王林伶，宁夏社会科学院综合经济研究所助理研究员。主要研究方向为中国区域经济与产业经济，经济地理、文化地理与可持续发展研究。

基金项目：国家社科基金项目（批号 13XJL011）：中国西北内陆开放型经济发展长效机制构建研究的阶段性成果。

①夏文斌：《丝绸之路经济带视角下的向西开放》，《光明日报》 2015 年 6 月 25 日第 11 版。

回顾30多年我国对外开放历程，形成了由经济特区、沿海港口开放城市、经济开放区、长江沿岸开放城市、沿边沿海内陆地区省会开放域市、西部大开发战略、自由贸易试验区、内陆开放型经济试验区，到“一带一路”倡议的全新开放体系。形成了由东向西、由南向北、由沿海向内陆、由国内向国外，内外互动、内外互补的开放路径。尤其“一带一路”倡议提出后，我国开放的路径注重“由内而外”的扩散思维，也就是从“内陆地区”发展开放型经济，通过不断向外扩散和延伸并与沿海沿江沿边开放型经济形成互补，形成了多形式、多层次、多渠道、宽领域、全方位的开放格局。在全新开放开发战略的引领下，我国内陆地区正由“开放末端”走向“开放前沿”，由开放的“次区域”变为开放的“核心区域”，正谱写我国与周边国家互联互动、共同发展的新篇章，正在塑造我国开放的新格局、新景象①。

二、发展内陆开放型经济的必然性

开放型经济重视配置国内、国际“两种资源”，参与国内、国际“两个市场”，强调走出去与引进来“两条腿”走路，实现市场对资源的自由支配，推动本国或本地生产发展、贸易扩大、人民生活改善。我国早期的开放始于东南沿海，因灵活的体制机制因素，使沿海处于开放的前沿，广东、福建、江苏、浙江、上海等省市利用制度安排，深度参与了国际国内“两个市场”，有效配置了“两种资源”，成为了“领头羊”和最先的受益者。经过30多年的改革开放，以出口导向为主的东部地区，取得了巨大的成就，经济发展突飞猛进，在一定程度上出现了“沿海强内陆弱”“东强西弱”、区域失衡逐步拉大的局面。从狭义上讲，内陆地区指既不靠海也不靠边的城市，即其所在的省份不靠海、不靠边的区域，在发展开放型

①王林伶:《建设丝绸之路经济带战略支点构建宁夏内陆开放型经济新格局》,《宁夏社会科学》2017年第6期，第39页。

经济方面一般都会存在三大自身劣势。一是地理空间上偏远，物流、信息流落后，交通不便，运输距离较长，运输成本高，使得区域之间要素流通不畅，沟通困难，处于发展的末梢，形成了一种封闭的观念，限制了经济的发展①。二是与国际市场分割，内陆地区开放滞后，较少参与国际分工，存在诸多法律、商业惯例等制度制约。三是经济发展基础薄弱，经济发展方式落后，人口密度和经济密度较低，相对于沿海地区等开放高地，内陆地区大多为开放“洼地”。人们误认为开放就是由地理区位决定的，内陆注定不如沿海开放，这是过度强调先天条件，是用静止和悲观的眼光看待发展，而忽略了后天努力。其实，开放既受不断变化的区位条件的影响，又受制度安排和基础设施的影响。

要缩小我国沿海与内陆、东部与西部之间的差距，就必须加大内陆地区开放的力度，需要“硬件”设施互联互通，也需要“软件”制度安排，通过制度安排，突破传统相对封闭的发展路径，发展内陆开放型经济，内陆完全可以与沿海同步、同等开放。在当今经济全球化开放的形势下，随着航空、铁路、公路、管道等设施的完善和运输技术的进步，加上快速发展的“互联网 +”势不可当，在制度的安排技术催生下，大通道的兴废都在不停地改变着区位大格局，内陆的区位条件早已不再停留在传统概念之上。尤其是我国“一带一路”倡议提出后，“一带”起始于西部，主要经过西部内陆通向西亚和欧洲，内陆地区就有“近水楼台”的新优势，一下改变了内陆地区始终扮演“追随者”的角色，显然新一轮开放的重要任务，就是要让内陆和沿边地区成为“开放新前沿”。这有利于解放思想转变思维观念，有利于改善和完善我国东西区域不协调问题，有利于激发内陆地区开放开发活力促进我国经济向着更高水平发展，有利于缩小东西之间贫富差距共同实现全面小康社会的必要性，这将使得我国对外开放的地

①何洁:《成都市建设内陆开放型经济城市探析》，华东师范大学学位论文，2015 年，第 16—17 页。

理格局发生了重大调整，由内陆和中西部地区作为新的牵动者承担着开发与振兴占国土面积三分之二广大区域的重任。

三、构建多渠道全方位开放功能，增强内陆开放内生动力活力

内陆地区被距离、密度、国际市场三大因素制约不言而喻，与中部、沿海地区在经济水平、思想观念、技术创新等方面差距仍然很大，存在不协调、不均衡等诸多“短板”。当然是“短板”的地方也是解决问题的关键之处，这就需要探索内陆地区在开放“大通道”上、“大平台”载体上，外向型产业“大集群”上构建新的开放格局，以支撑和增强内陆开放型经济发展的内生动力与活力，形成有利于推动内陆开放型经济发展的体制机制。

（一）完善内陆互联互通“大通道”建设，奠定开放型经济基础功能

解决内陆地区开放的首要任务就是要在设施联通上取得实效。“要想富，先修路。”这是我国民众对发展和开放的渴望，也是最形象地描述设施联通包括基础设施建设，还反映出“设施联通”对内陆地区开放至关重要。“互联互通”设施包括国家级高速公路、省区级道路、铁路、机场、无水港口、管道设施以及通信设施等，这些设施是内陆地区急需完善的基础设施，是补上过去在发展过程中的“欠账”，中国现在已经进入了“高铁时代”，若内陆地区在这个时期即“十三五”发展阶段不能通高铁，将可能会出现“新的差距”；同时，现在又是“互联网 +”时代，各个省市区都在积极建设互联网通道，这是内陆地区实现“换道超车”最关键的一步，若能抓住现今的机遇，建设高速宽带，降低通信费用，将可能是内陆开放实质性的举措。基础设施的联通不单指本省区市的通畅便捷，也要与周边的省市区高铁、高速公路、宽带互联网、管道设施实现“互联互通”，还要有延伸衔接到国际的高速公路、铁路、宽带等，支持内陆城市增开国际航班航线；内陆开放要按照“互联互通”“设施联通”的原则，优先建设区内高铁快铁、优先布局区内互联网宽带建设，打造能进能出的物流通

道和向西开放的国际通道，使其成为西部货物贸易的集聚地和国际旅游的中转港。内陆通过开辟水路、陆路、空中、网上“国际大通道”，与既有铁路、公路、内河航运等连接，构建起“多式联运”的国际客货运输体系，形成支撑协作、互为衔接、横贯东中西、联结南北方的对外“经济走廊”，使内陆地区成为丝绸之路经济带对欧亚大陆开放的“前沿”。

（二）优化内陆开放“大平台”载体，扩大开放型经济发展新空间

对外开放平台不仅是对外交往的“有效载体”，还是产业发展、经济发展的“重要支撑”，更是对外开放的“有力抓手”，对于提升内陆地区国内外影响力和发展水平，吸引资金、技术、项目、人才等起着十分关键的作用。抓好开放平台建设，使其成为进一步拓展内陆地区对外开放新空间、增创产业发展新优势、增添经济发展新动力。

加快内陆地区开放平台建设，就是内陆地区的省市区要按照各自的区域优势打造特色鲜明的开放平台，按照“一带一路”重要节点来定位各省区市对外开放平台建设。如，宁夏依托中阿博览会重点打造这一国家级、国际性，面向阿拉伯国家开放的战略平台；陕西依托丝绸之路博览会打造面向中亚、欧洲国家开放的战略平台；甘肃依托兰洽会、丝绸之路（敦煌）国际文化博览会打造面向亚欧开放的战略平台；青海依托青洽会、藏毯展打造面向中亚开放的战略平台；新疆依托亚欧博览会打造面向中亚国家的开放战略平台。要通过发挥各自开放平台功能的同时，还要将各自已有的自贸区、保税区、口岸、内陆无水港、内陆开放型经济试验区、物流中心等平台整合，构建起内陆区域相互协作、互为平台、互为衔接、互为补充、共建共享、包容开放、联合“走西口”的协作机制与协作平台，使其成为扩大对外开放和推动丝绸之路经济带建设的重要载体。

（三）承接产业转移培育产业体系，构建外向型产业“大集群”

抓住国内外产业结构调整机遇，以承接产业转移为契机，通过引进高技术人才、高技能人才、院士工作室等，实现以“技术升级”带动“产品

升级”，以“产品升级”促进“产业升级”，再通过积极承接产业转移来延长产业链、补齐产业链、接上产业链，打破市场与区域分割的现象，营造上下游通畅“互补共享”的产业链条，建立闭合式开放型的产业体系。

同时，要建立产品核心料件的集散分拨中心，提升产业集群协作、配套程度，建立多系列整机加零部件生产的全流程产业链，推动加工贸易由水平分工变为垂直整合，使80%的零部件实现本地制造，改变原来内陆“两头在外”的贸易形式，变为“一头在内、一头在外”，促使进项物流成本大大降低。在外向型农业产业方面，内陆各省市区重点发展各自优势特色产业如葡萄酒、特色果蔬、枸杞、中药中医、品种改良等产业，以培育品牌、提升品质、标准制定、技术输出、注重营销、开拓市场、完善质量监督、人才队伍建设等为支撑体系建设。在外向型工业产业方面，重点加强如能源化工、冶金建材、智能仪器仪表、高档数控机床及机器人、机械装备制造、高端铸造与机械基础件等生产设备。以智能化、集成化、网络化为目标，发展应用于军工、航空航天、海工装备、轨道交通等领域先进智能制造等。在外向型服务业方面，重点发展如大数据分析与挖掘、云计算与应用服务、信息与网络安全、全域旅游、电子商务、物流配送、保税贸易、服务贸易、金融信贷等产业。通过承接产业转移、提升制造业、培育加工贸易、跨境电商等来促进特殊的产业链体系，形成有利于推动内陆产业大集群发展的体制机制。

（四）以区际开放合作为依托，增强开放型经济内生动力重要支撑

构建多层次的开放合作渠道，就是要坚持“区内合作”“国内开放合作”与“对外开放合作”相结合、引进来与走出去相结合、全面开放与重点突破相结合，激发竞争活力和需求潜力，融入国际市场和积极参与国内不同区域合作，是内陆开放型经济发展的两个重要方面，缺一不可。由于地理区位的原因，“引进来”不能简单复制沿海地区以国际市场导向为主的模式，而应该更加注重国内市场的培育。

内陆地区发展开放型经济，开放的第一个层面是要注重与省际间、区际间、市际间的交流与合作；西北内陆地区要完善“陕宁甘青”毗邻地区协同发展机制，推动基础设施共建、产业发展联动、生态环境共治、公共服务共享。加强与内蒙古、新、云、渝、贵等西部省市区合作，加强与京津冀、长三角、珠三角及中部地区的合作。开放的第二个层面是在缩小区间差距、降低经济壁垒的基础上，建立强大的内需“供应链”与“互补链”，更加重视国内市场的培育和资源、商品、市场的“配备与整合”。要实施“引进来”和“走出去”战略。在“引进来”方面，通过共建共享、入股投资、注资等形式吸引国际投资集团、外商企业到内陆地区开发建设如中阿产业园、中欧产业园等国别和区域合作园区，发展外向型经济。在“走出去”方面，内陆企业要共同组建合作集团“抱团出海”在阿拉伯国家、中亚国家建设投资合作产业园区，围绕“一带一路”倡议，加强与沙特开展产能合作，加快建设“沙特吉赞经济城”，加强与阿曼建设“中国—阿曼（杜库姆）”产业园区等开展能源化工、石油、建筑、电子商务等方面的合作，通过走出去与引进来的形式努力打造丝绸之路经济带“战略支点”。

创新驱动—内陆开放型经济试验区产商融一体化发展新构想

尚亚龙

建设内陆开放型经济试验区，必须要突破内陆发展的局限性，打破固有思维模式，超前谋划和布局，构建产商融一体化的发展模式，尽快由传统的投资驱动向创新驱动型发展方式转变，使宁夏成为西部地区转型发展先行区。

一、倡导内陆开放型经济试验区产商融一体化发展的目的与意义

（一）目的

建设内陆开放型经济试验区，既没有现成的经验可循，也没有现行的路径可依，唯有以先行先试的勇气和魄力，大力实施创新驱动战略，破除制约发展的思想障碍和制度藩篱，不断探索和完善试验区建设思路，快速形成差异化的比较优势，才能迈向更高层次的内陆开放型经济发展模式。

提出内陆开放型经济试验区的“产商融一体化”发展新构想，正是为了响应《宁夏内陆开放型经济试验区规划》中“创新体制机制，鼓励先行先试”的号召，通过产业、商业、金融三者间的有机联系，实现资本的稳定供给，服务实体经济，为实现更高层次的内陆开放型经济发展奠定基础。

作者简介：尚亚龙，宁夏社会科学院综合经济研究所助理研究员。主要研究方向为区域经济学。

（二）意义

迄今为止有关内陆开放型经济的讨论，虽然也都具有较强的宏观指导与实践意义，但作为政策实施起来，屡屡与实际产生沟壑，达不到预期的效果。宁夏内陆开放型经济试验区 2012 年宣布成立以来，已步入第五个年头，仍然面临资源配置效率低、要素市场扭曲、产业结构不合理、沉淀成本效应等突出问题。因此，无论是建设内陆开放型经济试验区也好，还是建设开放宁夏也好，都应当是建立在宁夏经济合理、健康、稳定发展的基础之上的，都有必要从经济发展的微观层面，诸如企业转型升级、产业链条延伸拓展等方面进行考虑，以点带线，以线带面，推动实体经济的发展与振兴。

延伸产业链，拓展外向度，是发展更高层次开放型经济的内在要求。经济学中经常提到的产业链理论，其思想正是源于西方古典经济学家亚当·斯密的产业分工论断。随着产业中分工的不断深入、细化和演变，企业之间的关系也不断演变，既有相互之间的合作与互补，也有相互竞争和制约。就产业链的延伸而言，它是对现有产业链进行整合，甚至再造的一个过程。这一过程虽然也有以股权并购的方式对产业链上关键环节的企业实施控制的环节，但仍然属于比较简单的资本进出，目标直指分红而不是合作，难以保证资本供应的稳定性。

积极倡导并实施产商融一体化发展，不但有利于改善产业结构、壮大产业规模、实现产业链延伸，更有利于保证资本供应的稳定性，增强企业抵御风险的能力，为实体经济的发展营造良好环境，提升宁夏对外开放与合作的水平及能力，满足宁夏扩大对阿经贸务实合作愿望，更好地服务于国家“一带一路”倡议的实施。

二、内陆开放型经济试验区发展现状及特征

随着国家“一带一路”倡议的推进，自治区党委、政府按照对外开放

的需要，大力实施内陆开放型经济试验区建设，在打通对外通道、调整产业结构、加大对外投资、稳定金融环境等方面取得了显著成效，为宁夏建设更高层次的开放型经济奠定了良好基础。

（一）经济结构明显好转，产业发展内核逐步鲜明

经济结构明显好转，三大产业的投资结构由 2015 年的 3.8∶47.1∶49.1 调整为 2016 年的 4.2∶42.8∶53.0[①]。为抢抓“一带一路”发展机遇，瞄准定位，突出优势，各地争相加强投入，不同地区产业发展的不同内核逐步鲜明起来。

银川市作为内陆开放型经济的核心区，现代纺织、大数据、通航产业、电竞产业等新兴产业强势崛起，信息服务、电子商务、总部经济、文化旅游等现代服务业的发展也较为迅猛。滨河新区、综合保税区、阅海湾中央商务区等对外开放平台的启动建设，为内陆开放型经济试验区产业发展提供了稳定载体。

石嘴山市作为陆港经济区，在努力开拓对外开放陆路通道的同时，在打造对外开放新平台，承接东部产业转移方面可谓不遗余力。积极组团参加海峡两岸（宁夏）经贸文化合作交流活动周，举办宁夏石嘴山两岸产业合作交流会。深化与中建材、中煤、中钢等央企合作，加大产业项目招商力度，引进杉杉能源锂电池正极材料、恒达纺织、大唐火电等 40 个重大项目，为打造产业发展新格局积极准备。

吴忠市作为“中国制造 2025”试点城市，依托区位优势，吸引了内蒙古伊利、青海伊佳等企业入驻，形成了推动吴忠市发展的主导产业。除此以外，农业方面坚持“一特三高”发展道路，在全区 13 个优势特色产业中，以优质粮食、奶牛、滩羊、酿酒葡萄等 8 个产业的数量优势位居榜首。同时全面推进工业强市战略，先后引进庆华、中国自动化、中民投、

①《宁夏回族自治区 2016 年国民经济和社会发展统计公报》，http://www.nxtj.gov.cn/nxtjjxbww/tjgb/2016tjgb/201704/t20170419_76589.html。

台湾巨皇、夏进等大集团落户，初步形成了能源化工、装备制造、新能源、新材料、农副产品加工等为主导的工业体系。

固原市作为扶贫开发与环境保护示范区，特色农业、基础工业、旅游服务业等发展形势良好。农业方面，沿五大河流域①形成了草畜、马铃薯、冷凉蔬菜、中药材、苗木五大特色产业带。工业方面，金昱元 100 万吨盐化工、王洼煤矿千万吨级矿区改扩建项目顺利推进。旅游服务业方面，旅游人数和收入年均增长 20.28%和 30.36%，服务业增加值年均增长 9.7%，显现出良好的发展潜力。

中卫市作为沙坡头旅游经济开发试验区的管辖城市，在结合旅游资源优势，大力发展沙漠旅游的同时，还针对产业结构性矛盾日益突出的问题，坚持在发展中调整产业结构、在实践中优化区域结构，初步形成了旅游、信息、现代物流、现代农业和新型工业化“四主一化”产业支撑体系。

内陆开放型经济试验区五市发展定位与产业发展现状

城市	定位	地区生产总值(亿元)	同比增长	三次产业结构比	主导产业
银川	核心区	1617.28	8.1	3.6：51.0：45.4	能源化工生产、装备制造业、新能源产业、电子商务、现代物流、大型燃气轮机铸铁件、羊毛绒生产、生物制药等
石嘴山	陆港经济区	513.37	6.6	5.1：63.0：31.9	新材料、装备制造、电石化工、冶金、汽车制造及零部件、太阳能及节能环保等产业等

① 固原市境内流域面积大于 100 平方公里的河流有 32 条，其中，泾河、清水河、葫芦河、红茹河、祖厉河为五大主要河流。

续表

城市	定位	地区生产总值(亿元)	同比增长	三次产业结构比	主导产业
吴忠	“中国制造2025”试点城市	442.4	9	12.5∶56.6∶30.9	新能源新材料、能源化工、现代制造业、仪器仪表产业等
固原	扶贫开发与环境保护示范区	239.88	8.2	20.5∶25.5∶54.0	绿色生态有机农产品、设施农业、马铃薯、清真牛羊肉、盐化工、清洁能源等
中卫	沙坡头旅游经济开发试验区	339.01	6.8	15.5∶44.0∶40.5	旅游、物流和云计算、煤化工、新能源、特色农产品及其深加工、发展冶金、精细化工等

数据来源：2016年五市《国民经济与社会发展统计公报》等。

（二）企业“走出去”步伐不断加大，海外产业布局开端良好

随着国家“一带一路”倡议的提出和“开放宁夏”的深入实施，越来越多的宁夏企业走出国门，打入国际市场，投资领域也由以往的特色产品贸易逐渐向农林牧渔、光伏建材、软件和信息技术服务业等多元化方向发展。目前，宁夏境外投资企业达95家，95%为民营企业。其中，有20家企业在沙特、约旦、阿联酋、俄罗斯等“一带一路”沿线国家设立企业。

2015年7月，宁夏出台《关于融入“一带一路”加快开放宁夏建设的意见》，明确了培育开放经济、建设开放通道、构筑开放平台等六大任务，提出努力把宁夏打造成辐射西部、面向全国、融入全球的中阿合作先行区[①]。为此，宁夏大力推进海外产业园区建设，中国—阿拉伯（阿曼）产业园、中国—沙特产业园、中国—毛里塔尼亚产业园的诞生，不仅为宁夏企业“走出去”提供了可靠的保障，也为国内其他地区企业落户阿拉伯国

①《宁夏境外平台渴望进入“国家队”》，宁夏新闻网，http://www.nxnews.net/sz/system/2016/03/09/011186465.shtml。

家创造了条件，对推动我国与阿拉伯国家的国际产能合作和深层交往意义重大。

（三）金融支持经济力度加大，对阿金融合作取得突破

“十二五”期间，全区金融机构贷款余额持续增长，短期贷款、中长期贷款、票据融资同步增长，反映出金融支持经济发展的力度持续加大。

金融市场上票据融资的情况日益常见。2011 年，全区票据融资额为 114 亿元，2015 年已达 305 亿元，年均增长 66.9%，增幅较大。截至 2015 年 12 月末，宁夏共发行各类债券 638 亿元，其中，地方政府发债 289 亿元，企业发债 96.8 亿元，银行同业存单 225 亿元，各类债券急剧上升，政府、银行、企业融资思维方式有所转变，利用债券直接融资意识显著提升[①]。

各金融机构多点发力，帮企业降低融资成本。[②] 2016 年，宁夏金融局、人民银行银川中心支行、宁夏银监局联合出台《切实做好支持企业发展降低企业融资成本工作的通知》，从提高信贷投放等 18 个方面为企业融资降成本。2017 年，商业银行与自治区相关部门合作，为符合条件企业提供低息贷款，重点支持制造业转型升级和产业结构调整领域。此外，宁夏发挥“财政 + 银行 + 保险 + 证券 + 基金 + 担保”金融组合拳破解企业融资贵。中国银行宁夏分行运用债券承销、海外直贷等直接融资工具，为晟晏集团发行短期融资券 4 亿元，减少融资成本 200 万元。

跨境人民币业务突破百亿大关。2015 年，宁夏先后引进浦发、华夏等 86 家各类金融机构，产业引导基金规模达到 23.53 亿元，发行政府债券 289 亿元，跨境人民币结算额突破 100 亿元大关，共有 202 家企业办理跨境人民币业务，业务涉及 46 个国家和地区。

---

①《深交所专家为宁夏企业节约融资成本出谋划策》，宁夏财经网，http://caijing.nxnews.net/hy-dt/201603/t20160310_3556157.html。

②《宁夏金融机构多点发力为企业降成本》，宁夏新闻网，http://www.nxnews.net/cj/cjdyx/201704/t20170424_4257150.html。

中阿金融合作取得突破性进展。2015年，宁夏利用国有银行在海外分支机构，积极探索推动中阿金融合作。工商银行宁夏分行2015年12月底从卡塔尔首都多哈引入4800万元人民币，2016年1月又引入两笔合计8300万元人民币，用于满足宁夏共享装备和共享铸钢两家企业出口订单项目下的资金需求。中国银行宁夏分行2015年借助中国迪拜周活动平台，与中国银行迪拜分行签署了联动合作协议。宁夏金融局积极拓展中阿金融合作领域，2015年与阿方金融监管机构、中国驻海湾阿拉伯国家合作委员会国家经商参赞处等研究机构建立协调合作机制，推动引入外方合格金融机构来宁设立分支机构，与宁夏地方金融机构合资合作组建基金公司、租赁公司，推动宁夏金融机构通过境外市场和通道发行面向阿拉伯地区债券工作。

三、内陆开放型经济试验区发展面临的主要问题

（一）产业结构有待优化

1. 高耗能工业比重仍然偏高，企业亏损倒闭风险较大

宁夏工业基础薄弱，一方面，缺少高精尖的工业企业，很多高附加值工业行业在宁夏都没有布局；另一方面，由于过去高耗能工业投资过热，导致产能过剩的后果积重难返。尽管高耗能工业比重下降，但仍然偏高。同时，迫于由于市场需求减弱、化解产能过剩以及节能减排刚性任务要求，企业亏损倒闭风险日益加大。事实上，企业亏损的问题已经比较突出。

2. 新旧增长动能仍未实现更替，产业发展缺乏有效组织者

随着轻纺、医药等新兴产业发展，宁夏轻重工业比例失调现象有所改善。但由于具有辐射带动作用的龙头企业和科技含量高的重大项目偏少，新兴产业发展还未成体系，还无法替代传统产业体系成为支撑经济增长的主动力。尽管自治区人民政府印发了《宁夏回族自治区化解产能过剩矛盾实施方案（2013—2017年）》，提出了“推进企业兼并重组”以及“加快延

伸产业链”的任务安排，其中提到了要“把产能过剩行业尤其是高载能产业作为产业链延伸工程的重中之重，增强产业自身化解产能过剩能力”。然而，无论是“产业链延伸”，还是构建新兴产业体系，都需要强有力的产业组织者来发挥组织作用。其一是组织建立完整的金融服务体系，其二是组织关联企业对产业发展予以支持。当前宁夏各产业发展进程中，类似这样的产业组织者比较缺乏。可以说，正是因为缺乏这样的产业组织者，不但产业链条无法真正形成，而且企业难以在整个产业链条中长远布局和生存。

（二）金融机制有待完善

1. 证券融资功能未能有效发挥

通过债券融资的实体企业数量少。2015 年以来，宁夏直接融资特别是债券融资规模增长很快，但实体企业发行债券集中在宝塔、宝丰、晟晏等个别几家企业。2015 年至 2016 年一季度，全区 12 家上市公司，除宝塔实业增发股份融资 6 亿元以外，其他公司均未进行实质性的再融资。2016 年一季度，除伊品生物发行 3.8 亿元公司债外，其他实体企业（不包括各级政府投融资平台）尚未利用债券市场进行融资。

2. 企业经营风险加大导致银行贷款日趋审慎

宁夏银行业机构不良贷款余额增加。其主要原因有两个方面：一方面，受经济下行压力影响，企业的经营风险陆续暴露，不良贷款增加；另一方面，一季度受季节影响不能施工，投资项目企业贷款、提款周期未到。各银行业机构对中小企业放贷更加审慎。有的银行总行要求其分支机构信贷转向零售、消费行业等，并上收贷款审批权限。有的银行减少单笔贷款额度，企业融资难度加大。另外，银行与担保集团的合作正在萎缩。因一些企业逾期、恶意逃债和担保集团代偿不及时等原因，国开行、建行、邮储、招行等银行已取消担保集团代偿宽限期或全面停止与担保集团的合作。有的银行目前只做担保集团的存量业务，不再做增量业务。

（三）对外经贸合作有待加强

1. 外贸依存度与贸易便利化程度较低

对外贸易依存度能反映一个国家或地区对国际市场的依赖程度，是衡量一个国家或地区对外开放程度的重要指标。宁夏对外贸易依存度较低，尚存在一些影响贸易便利化程度的制约条件。一是通关成本高。银川进出口货物经区内通关运输的不足10%，尚未实现电子口岸管理，通关单证繁多，流程复杂。二是融资成本较高。平均成本超过12%，在境外只有2%～4%。三是运输成本高。出口产品到天津港，铁路运输成本比汽车高60元/吨～80元/吨，至廊坊后还需用汽车转运至天津港。

2. 招商引资难度较大，实际利用外资效率偏低

一方面，受经济下行压力影响，企业投资信心不足，招商难度不断加大；另一方面，受产业配套能力弱、物流运输成本高、专业技术人员缺乏、融资难等因素制约，项目引进难度也比较大。与阿拉伯国家往来主要在人文交流方面，阿拉伯国家对宁夏投资则很少。

四、如何实现内陆经济试验区产商融一体化发展

（一）紧抓供给侧结构性改革，促进产业转型升级

1. 疏散“过剩”产业政策，坚持新型工业化道路

产能过剩、产业集聚效应低、创新不足是制约宁夏经济发展的“内伤”，也是内陆开放型经济试验区发展的“硬伤”。过去以规模为导向并强调“抓大放小”的产业政策，助长了企业投资规模的过度扩张，造成了今天“去产能”“去库存”等方面的压力。因此，对于一些“过剩”的产业政策，随着“去产能”“去库存”的推进，应逐步摒弃、疏解新旧产业更替中的转换成本，转而制定更加公平公正、符合市场竞争规律的产业政策。坚持走新型工业化道路，深入实施《中国制造2025宁夏行动纲要》，推进产业向高端化、集群化方向发展。

2. 政府要“甘当配角”，让龙头企业在产业链中发挥好组织带动作用

构建战略性新兴产业体系不能单纯依赖“要”政策。当前有关加快发展战略性新兴产业的提法越来越多、政策日趋泛化，难以聚焦到真正影响企业转型和产业升级的关键环节上来。企业才是市场的主体，应侧重培育和扶植强有力的产业组织者（如一些规模比较大、效益比较好、资本实力比较强的龙头企业），发挥其在产业链延伸中的组织带动作用。政府则应充当好提供服务的“配角”，制定有效激励机制，创造良好营商环境。

3. 运用新思维，改造“旧”产业

对煤炭、石油加工、化工原料、电力、医药等传统产业，强化技术改造和管理创新。重点是要聚集人才，鼓励创新，促进科技成果转换。对文化、旅游等特色产业，借助推进全域旅游示范省区建设的契机，提升产业链延伸，促进文化、旅游与相关产业深入融合，并运用新媒体传播推广技术，加大宣传，突出文化特色，扩大国际国内市场资源，使旅游业率先成为内陆开放型经济试验区对外开放的“门面担当”。同时利用“营改增”政策机会，积极引导餐饮、住宿、零售等服务业快速发展。努力做优做强宁夏的生态纺织、葡萄酒等优势产业，着力打造特色产业生产基地，大力培育新的外向型经济增长点。

（二）整合高端要素，完善开放平台

积极申报国家级新区，发挥银川总部经济引擎带动作用。一是要整合银川综合保税区、宁东基地、滨河新区、银川河东国际机场等资源，使之成为银川市第四个区。二是建议设立（自治区级）自主创新示范园区，整合区内外企业、大学、科研机构等资源，组建产业技术创新战略联盟，提升园区的对外科技合作水平。三是继续加强滨河新区基础设施与公共服务配套设施建设，发展休闲旅游业，使之成为全区科技产业与服务业发展的新增长极。四是要加强银川综合保税区建设，探索自由贸易新机制。加快推动电子口岸管理，提高对外贸易便利化程度。五是要加快推进银川城区

与贺兰、永宁同城化发展，建设大银川都市区。重点增强银川集聚高端要素，科技创新、综合服务功能。继续完善阅海湾中央商务区基础设施建设，加大宣传，扩大招商引资，提升国际竞争力与国际化程度，力争成为中阿经贸合作交流中心。

（三）优化战略布局，融入“一带一路”

1. 优化产业空间布局，避免恶性竞争

依据《宁夏空间发展战略规划》，对全区各大园区的产业发展方向进行精准定位，引导各地错位发展。建议进一步加大对各类开发区特别是国家级开发区公共基础设施领域的投资和扶持力度，在布局大项目时给予倾斜和支持，切实提高国家级开发区的综合竞争力。

2. 进一步拓宽对外开放通道

铁路方面，打通缺失瓶颈路段，新改扩建主干线路，共建乌力吉口岸、银巴铁路，构建覆盖全域、贯穿南北、连接东西、达海出边的陆路通道。航空方面，开辟客（货）运航线，新增更多至阿拉伯等国家和地区的直航，推动72小时过境免签、离境免税等政策落地，将银川河东国际机场建设成为对阿门户机场、区域性国际航空枢纽和货运集散中心。网上通道方面，开通网上丝路，申建跨境电商全国综合试验区，建设中阿卫星数据产业示范园，打造国际网络通道和区域信息汇集中心。

3. 坚持对外开放与对内开放并举、走出去与引进来并重

对外开放方面，虽然是主攻对阿开放，但也要像重视“向西开放”一样，重视向全球开放，应该继续加强与欧美、日韩等发达国家和地区的经贸合作，探索内陆地区发展全方位开放经济的经验。对内开放方面，应加强与毗邻地区的共建共享，密切与发达地区的交往。宁夏企业要深化与500强企业的战略协作，积极参与国际产业分工。要支持企业跨区域联合，主动共建境外产业集聚区，推动建立当地产业体系；支持企业在丝路沿线投资设厂，鼓励宁夏的能源资源企业积极开展对外能源资源合作，提高就

地加工转化率。

（四）推动金融创新，深化产融结合

1. 落实好已有金融政策，降低实体经济融资成本

按照2016年自治区金融局等部门出台的《切实做好支持企业发展降低企业融资成本的工作的通知》要求，贯彻中央和自治区关于加强供给侧改革部署，把资金引向实体经济。支持和鼓励各类金融机构积极推动金融创新，加快培育新兴金融业态，全面提升金融服务大众创业、万众创新的实力和水平，更好地发挥金融对实体经济的支持作用。

2. 赋予企业更多金融职能，提高资本运营效率

2016年4月，宝塔石化集团财务有限公司的成立，填补了宁夏非银行金融机构空白，推动宁夏经济金融发展。财务公司的组建，可实现企业集团资金的统筹管理，全面实施资金集中管理，保障资金安全，降低资金成本，提高资金的营运效率和风险控制水平。建议鼓励成立财务公司，形成企业的“内部银行”。此外，继续鼓励风险投资（VC）、证券市场、私募基金（PE）、众筹股权和P2P等平台资金参与企业创新，降低企业创新融资的财务成本。

3. 开展金融机构依法持有企业股权试点，拓展企业融资渠道

2016年7月，《中共中央国务院关于深化投融资体制改革意见》颁布，提出开展金融机构以适当方式依法持有企业股权的试点。由于当前融资难融资贵依然是困扰宁夏企业特别是民营企业发展的主要问题。试点方案的实施有利于拓展小微企业、创业企业等轻资产企业从银行拓展融资渠道。宁夏作为内陆开放型经济试验区，应先行开展试点工作，尽早制定与试点工作有关的实施方案与地方政策。

4. 鼓励企业相互持股，实现资本稳定结合

一是探索在区内混合所有制改革和民营中小企业转型升级中推广应用。相互持股可以使企业之间的资本联系得到加强。相互持股程度越高，

企业与市场参与者之间的信息不对称程度就越低。有利于形成企业间共享收益、共担风险、相互信任的关系，抑制企业间机会主义行为，实现资本的稳定结合，能够防止敌意收购，避免破产的危机。尤其是能够发挥促进企业资本结构多元化及投资主体股权多元化的作用。二是鼓励宁夏企业在对外投资发展中推广应用。全球化背景下企业跨国并购重组是提高企业核心竞争力的最佳途径。宁夏在海外建设中国—沙特产业园、中国—阿曼杜古姆产业园区等产业园区，是宁夏企业“走出去”的重要平台，也是宁夏企业实现跨国并购重组的绝佳机会。与所投资国家的企业实现相互持股，可以绕过法律壁垒和文化传统的障碍，化解文化冲突。对当地员工产生为自己国家、民族的经济发展而努力的激励效果，不但能调动员工工作积极性，降低企业生产成本，而且符合“一带一路”建设坚持共商、共建、共享的原则。

宁夏实行高水平贸易投资便利化政策研究

段庆林

习近平总书记在十九大报告中指出，加大西部开放力度，形成陆海内外联动、东西双向互济的开放格局；赋予自由贸易试验区更大改革自主权，探索建设自由贸易港；实行高水平的贸易和投资自由化便利化政策，全面实行准入前国民待遇加负面清单管理制度。这些新方略给西部地区实施更高水平的对外开放指明了方向。

一、实施自由贸易区战略的背景及其面临的形势

改革开放以来，特别是加入世界贸易组织（WTO）后，中国迅速融入经济全球化浪潮，成为世界制造业大国。2008 年欧美金融危机后，美国力推跨太平洋伙伴关系（TPP）等区域贸易谈判，力图形成新一代高规格的全球贸易和服务业规则，TPP 有关环境保护、知识产权、劳工保护以及国有企业等条款，着眼于提升要素价格和削弱国家主义行为，直指中国经济软肋。建设上海等自由贸易试验区，就是以高开放标准，为应对 TPP 等挑战做“试验田”。

目前，经济全球化呈现出新趋势，中国也试图以更高标准的开放来促进全面深化改革，打造经济升级版。宁夏对外开放也是机遇与挑战并存。

国际国内经济形势呈现出如下转变。

（一）从融入欧美为主的世界体系向中国推动建设开放型世界经济体系转变

改革开放使中国开始融入以美欧为主的世界体系，基本形成以欧美为消费国，中国等为生产国，中东、巴西等为资源国的国际经济大循环格局。2008年世界经济危机以后，欧美传统市场急剧萎缩，美国开始实施亚太再平衡、启动TPP谈判等遏制中国的战略，并实施再工业化和页岩气革命，中国蓝海战略面临挑战。充分发挥中国比较优势，加强与新兴市场国家、欧美等高技术国家、亚非拉等资源国的合作，打造以中国为主的国际经济小循环，加快对外开放多元化战略，尤其是通过“一带一路”倡议与周边国家形成命运共同体，加快中国企业走出去战略，可避免过分依赖欧美市场的弊端。中国正在通过联合建立亚洲基础设施投资银行、金砖国家开发银行等机构，促进人民币国际化，打破美欧主导的布雷顿森林体系，推动建设开放型世界经济体系。

（二）从多边贸易格局为主向区域贸易格局为主转变

WTO是多边贸易体制，不针对生产过程，着重在关税削减环节，对汇率行为也缺乏足够的约束力，多边谈判成本高，10多年来多哈谈判陷入僵局。目前区域贸易体制方兴未艾，中国对美国曾经主导的TPP、东盟主导的区域全面经济伙伴关系协定（RCEP）等谈判持开放态度，中国坚持WTO主渠道地位，积极主导亚太自贸区（FTAAP）谈判，争取在谈判中取得一定主动权。区域贸易兴起提高了新疆之于中亚、广西之于东盟、宁夏之于阿盟等战略地位。宁夏积极务实做好中阿博览会，争取建立内陆自由贸易园区，是宁夏发展机遇之一。

（三）从综合保税区战略向自由贸易港战略转变

综合保税区是我国“境内关内”的一种海关监管的特殊区域，而自由贸易园区（FTZ）是一国主权管辖范围下“境内关外”的经济自由区，国际通行的自由贸易区（FTA）是不同主权国家和地区之间的自由贸易协定。“保税区”是为了方便我们自己进出口设立的特殊政策平台，是为了发展“外向型经济”。“自贸区”是提供给国外企业之间的自由交易平台，主角是外国企业而不是国内企业。我国目前已经谈成中国—东盟自由贸易区等10多个自贸区，正在推进中日韩自贸区等谈判，建设自由贸易试验区，有利于从“境内关内”向“境内关外”转型，提高开放水平，与国际惯例接轨。

党的十九大报告提出“赋予自由贸易试验区更大改革自主权，探索建设自由贸易港”。我国即将进入自由贸易港时代。在2017年3月公布的《全面深化中国（上海）自由贸易试验区改革开放方案》中，提出在上海设立“自由贸易港区”，浙江、福建、广东等也在积极启动或酝酿探索自由贸易港。

（四）从沿海开放战略到全方位开放战略转变

我国对外开放从沿海地区开始，重点面向欧美发达国家开放，抓住了国际上1980年代轻纺、1990年代电子等劳动密集型产业向发展中国家转移的历史机遇，旨在缩小与发达国家差距。2001年中国加入世界贸易组织后，进入战略机遇期，但更加强化了沿海开放地位。我国1990年代以来陆续出台内陆和沿边开放政策，目前已经形成了全方位开放格局。随着劳动力价格等成本上升，沿海地区急需产业转型升级，内陆地区需要积极培育全球制造业基地，沿边地区加强与周边国家的跨境合作。国际区域贸易战略和国内区域协调发展都需要全方位开放，宁夏作为内陆开放型经济试验区，承担着内陆开放先行先试重任，应该抓住难得的历史机遇，应该在打造外向型产业体系和探索内陆开放模式上有所作为。

（五）从传统增长方式向现代增长方式转变

美国是信息产业核心技术垄断者，英国以金融业，德国以资本品，日本、韩国等国家以高端消费品等占据产业链高端，中国沿海地区以劳动密集型的轻工业为主，中西部地区以资源型产业为主，处于国际分工低端。西方国家控制对华高技术出口，将最剥削劳动、最消耗资源、最污染环境的制造业工序转移到中国，通过全球生产网络和全球贸易网络控制原料定价权和销售定价权。目前，中国高速增长模式已经达到极限，急需通过创新驱动发展战略，培育自主创新能力，打造经济升级版，从依靠资源消耗、投资拉动的传统增长方式向依靠技术进步和效率提高的现代增长方式转变。宁夏是最为典型的投资拉动型经济和资源型经济地区，必须实施创新驱动战略，促进产业转型升级。

（六）从“衬衫换飞机”时代向“高铁换资源”时代转变

中国已经结束资本原始积累阶段，具备高铁、核电、基础设施建设等部分产业和技术的比较优势，从“服装换飞机”时代开始进入“高铁换资源”时代。以低廉价格出口资源类产品，已不符合中国的国情。应该进口与出口并重，既要形成以技术、品牌、质量、服务为核心的出口竞争新优势，也应该积极扩大先进技术、能源资源、关键设备和零部件进口，适度扩大消费品进口。宁夏应该把建设开放型经济重点放在培育高附加值产业上，而不是鼓励清真牛羊肉等稀缺资源出口。

二、宁夏促进贸易投资便利化的战略任务分析

2014年底，习近平总书记在审议《关于中国（上海）自由贸易试验区工作进展和可复制改革试点经验的推广意见》时明确指出，试验取得的可复制可推广的经验，能在其他地区推广的要尽快推广，能在全国推广的要推广到全国。我国2013年成立中国（上海）自由贸易试验区，2015年又成立了广东、福建、天津三个沿海自由贸易试验区，2017年又扩大到辽宁、浙江、河南、湖北、重庆、四川、陕西七个自由贸易试验区，进一步向内陆和西部地区复制。尤其是上海自贸区，作为中国对外开放最高层次的开放试验田，其成功经验值得宁夏内陆开放型经济试验区学习。

自贸区承担着贸易自由化、投资自由化、金融国际化和行政精简化四项重大使命。下面结合自贸区经验，对建设宁夏内陆开放型经济试验区进行一些分析。

（一）贸易

自贸区的首要任务是贸易自由化，宁夏试验区争取成为内陆贸易投资便利化示范区。

1.创新内陆开放模式——宁夏内陆开放型经济试验区的主要任务

宁夏内陆开放型经济试验区，应该能够形成一批可复制、可推广的内陆开放经验。一是抓住全球产业重新布局机遇，积极承接产业转移，面向国际国内两种资源两个市场，打造外向型产业体系；二是创新加工贸易模式，探索资源和市场“两头在外”或“一头在内、一头在外”的模式，形成有利于内陆产业集群发展的体制机制；三是推动内陆同沿海沿边通关协作，积极复制上海自贸区等海关监管制度，提高内陆开放效率；四是加快实施丝绸之路经济带战略，积极培育内陆城市群，建设内陆开放型经济高地，完善基础设施建设，加快形成横贯东西、连接南北的对外经济走廊。

2.把服务贸易作为宁夏内陆开放型经济试验区的突破口

自由贸易区战略的重点是服务贸易自由化和投资自由化，上海自贸区最大看点是服务贸易。宁夏内陆开放型经济试验区最终目的还是需要发展实体经济，在自贸区政策没有实施之前，宁夏应该扎实做好银川综合保税区工作，积极争取自贸园区政策，积极发展货物贸易。在外向型产业体系还没有形成之前，宁夏货物贸易短期内不可能大幅度增加，可以把服务贸易作为宁夏内陆开放型经济试验区的前期突破口。宁夏发展国际服务贸易，一是可以为改变中国服务贸易发展滞后作出贡献，二是服务贸易可以规避内陆地区运输距离远等弊端，三是可以充分发挥宁夏比较优势等。

（二）投资

投资自由化主要是全面实施准入前国民待遇和负面清单管理。上海自贸区试验投资自由化，是为BIT等谈判积累前期经验。

1.建立负面清单制度——宁夏内陆开放型经济试验区的新使命

上海自贸区推出的外资管理“负面清单”制度是可复制、可推广的最大经验亮点。十九大报告强调全面实行准入前国民待遇加负面清单管理制度。宁夏是全国第一个内陆开放型经济试验区，应该充分利用先行先试政策机遇，探索内陆地区实施负面清单制度的经验。内陆地区应该促进投资便利化，形成全方位、宽领域、多渠道的对外开放格局。全方位是既面向发达国家，又面向欠发达国家。宽领域是只要是负面清单之外的行业，就应该允许外资与国资、民企一样享受准入前国民待遇。多渠道是允许外资以直接投资、并购、私募基金、风险投资等方式，或者以技术、管理等要素入股投资创业。

2.积极推进内陆贸易投资便利化

十九大强调要大幅度放宽市场准入。我国开放领域从一般制造业向现代服务业拓展。宁夏是内陆地区，内陆地区存在的密度、距离、分割三大劣势，无论是向西开放还是向东开放，始终是制约对外开放的主要因素。旨在破解市场分割的投资贸易便利化政策应该得到充分重视。

我国内陆开放和沿边开放严重滞后是低水平开放的结果，在全方位开放形势下，外商投资格局可能会得到显著改变。宁夏在中阿经贸合作中缺乏区位优势，与阿拉伯国家又缺乏产业互补性。宁夏作为全国第一个内陆开放型经济试验区，积极促进内陆贸易投资便利化，应该是主要任务之一。宁夏内陆开放型经济试验区借鉴上海自贸区经验，必须要有针对性，应该根据宁夏区情来设计试验区的政策重点。

（三）金融

金融自由化是自贸区的真正内涵，其终极目的是推动人民币国际化。但由于金融开放风险较大，资本项目开放需要有利率市场化和汇率形成机制改革相配合，自贸区工作重点尚未转移到金融开放上，目前资本项下的开放力度有限，外资投资证券市场、债券市场的限制依然较多。

1.建设金融合作示范区

宁夏力图将中东石油美元资金优势与西部大开发需要结合起来，将中国制造业优势与阿拉伯国家产业结构多元化需要结合起来。以石油暴富的阿拉伯国家对外投资有其特点，一般投资于房地产、银行和股票等，而不是美日韩等发达国家擅长的制造业领域。也就是中国吸引阿拉伯资金的形式，可能主要是金融资本而不是产业资本。

金融合作示范区试什么？一是成立外资银行，争取政策允许符合条件的外资金融机构设立外资银行，以及民营资本与外资金融机构共同设立中外合资银行。二是争取人民币双向资金池试点。人民币境外借款成本比国内低很多，上海自贸区最热的两大业务是跨境双向人民币资金池、人民币跨境借款。争取政策支持银川综合保税区注册的跨国企业，开展集团内跨境双向人民币资金池业务，为集团公司提高境内外关联企业自有资金的集中调度和统一使用提供了极大的便利。允许法人企业可以在实缴资本一倍的额度内从境外借入人民币资金，供自身经营之用。鼓励企业走出去。三是联合建立产业投资基金，向具有高增长潜力的未上市企业进行股权或准股权投资，支持西部大开发的特色优势产业和基础设施建设。

2.参与推动人民币国际化

服务于人民币国际化是上海自贸试验区金融改革的核心定位。2009 年 7 月国务院批准开展跨境贸易人民币结算试点以来，人民币国际化已经在贸易通道、储备功能、金融通道、资产等输出方面，和构建人民币离岸市场和全球清算体系上取得显著成绩。但与中国作为全球第二大经济体的地位远远不相称。

石油美元体系是美国和沙特的核心利益，在近年来中国人民币与外国货币互换协议中，海合会中仅有阿联酋、卡塔尔与我国签署过货币互换协议。宁夏银行等机构应该在面向阿拉伯国家的人民币国际化中积极探索道路。如参与在迪拜等建立人民币离岸市场，参与建立中阿货币结算中心等。

（四）行政

十八届三中全会出台的《中共中央关于全面深化改革若干重大问题的决定》，是指导中国新一轮改革开放的历史性文献。其确立的总目标是完善和发展中国特色社会主义制度，推进国家治理体系和治理能力现代化。目前全面深化改革推进迅速，自贸区战略又不断提速，形成了以改革促进开放、以开放倒逼改革的良性循环。宁夏试验区建设是开放与改革的统一。

1.优化投资环境

经济自由化是指政策、法规、条例对市场配置资源影响的最小化，建设自贸区有利于充分发挥市场在资源配置中的决定性作用。宁夏试验区打造“两优”投资发展环境，应该处理好政府与市场的关系，把深化政府审批制度改革作为重点，宁夏试验区建设从政府主导型向市场主导型转变。进一步转变政府职能，建设法治型政府和服务型政府。精简前置审批，推行投资项目网上核准，规范中介服务，实行更加便捷、透明的投资项目核准制度。实行五个“一律”，放开企业手脚，释放发展活力。为企业提供公平的法律体系、高效的行政程序和便利的商业环境。

2.构建集中统一的事中事后监管体系

自贸区将实施“一线彻底放开、二线安全高效管住、区内货物自由流动”的创新监管服务新模式，提供一条整合现有海关特殊监管区的有效路径。自贸区规则需要政府管理模式由重审批转向重服务、从事前审批向事后监管转变。一是建立集中统一的市场监管体系。自贸区实行负面清单制度后，需要建立起一套全新的事中事后监管体系和政府管理模式。自贸区内质检工商等所有的市场行政管理职能都会汇总到一个机构，实行大部制改革，降低行政成本。二是简化行政审批制度，上海海关已出台 23 项自贸区创新制度，大大减少了通关时间，实现了贸易投资便利化。

三、宁夏实施贸易投资便利化的政策建议

宁夏对外贸易水平较低，海关监管的一些经验在宁夏实施的效果会打很大一个折扣；同时，宁夏作为经济密度小、运输距离远、市场分割严重的内陆地区，应该充分利用宁夏内陆开放型经济试验区政策机遇，积极促进贸易投资自由化便利化，走出一条适合宁夏开放型经济发展的路子。为此，我们建议如下。

（一）以十九大精神为指导，加快《规划》修订工作

2014 年，时任上海市委书记韩正在总结自贸区经验时说："自贸区是国家的试验田，不是地方的自留地；自贸试验区的关键是成为制度创新的高地，决不能成为优惠政策的洼地；自贸区的制度成果都必须符合可复制可推广的要求，是苗圃，不是盆景。"其实，上海自贸区的这三大要求也完全符合宁夏试验区的实际。国家给了宁夏内陆开放型经济试验区这个牌子，我们必须树立先行先试的意识和勇于探索的精神。

2012 年，国务院批准《宁夏内陆开放型经济试验区规划》(以下简称《规划》）后，我们针对《规划》提出，宁夏试验区的主要职能是进行制度创新试验，其最终的成果应该是内陆开放经验，应该是可以推广到其他内陆地区的制度创新，并且提出宁夏内陆开放型经济试验区先行先试机制应该包括内陆开放机制和向西开放机制两大类型①。

目前，《规划》已经实施五年多了，《规划》当时是在十八大之前制订的，五年来国际经济形势和国内经济政策都发生了重大变化，应该按照党的十九大精神，对《规划》进行中期修订。更加注重创新驱动、脱贫富民、生态立区等三大战略要求，以"一带一路"为重点，加强开放创新、开放式扶贫、负面清单管理制度等。

---

①段庆林:《宁夏内陆开放型经济试验区先行先试机制研究》,《2013 宁夏经济蓝皮书》，宁夏人民出版社，2013 年。

(二) 高度重视从“内陆”视角探索开放之路

2014年，我们在《宁夏打造丝绸之路经济带战略支点构想》[①]中，进一步提出，宁夏内陆开放战略的“1+3+2”的任务框架。“1”是打造一个开放型产业体系，“3”是构建内陆开放型经济核心区、努力缩短经济距离、切实破解市场分割等三大破解之道，“2”是做好建设综合保税区和开放式扶贫两大干预措施。积极规避内陆区位劣势。

实体经济是贸易便利化的基础。必须把打造开放型产业体系作为重点，没有实体经济就没有贸易，没有贸易需求就没有便利化问题。宁夏在过去长时间内是国内国际市场上煤炭、电力和原材料的提供者。虽然近年来宁夏在轻纺工业、食品工业、机器装备制造业等方面取得长足发展，2017年宁夏进出口额增长速度达到全国第一，但其主要是由于深圳等地黄金饰品通过银川综保区报关从而增加了宁夏的出口数据，宁夏开辟的到伊朗和中亚的中阿号货运列车，也主要运输区外产品。亚欧大陆桥就在宁夏附近，但宁夏却没有多少产品可以输出。必须把发展经济的着力点放在实体经济上。

交通基础设施及交通服务可得性与质量，是贸易投资便利化的基础工程和硬件保障，互联互通也是“一带一路”建设的优先领域。宁夏在高铁等规划建设方面严重滞后，要加快银西高铁、中卫至兰州、银川至包头等高铁建设，促进与周边地区互联互通，实现银川至北京、西安、兰州等重点城市2～5小时达到。全面提升航空运输能力，积极发展临空经济和通航产业。全面完善公路网络体系，加快构建“三环四纵六横”高速公路网。以银川机场、高铁站等为中心，积极构筑综合交通枢纽网络。积极融入“一带一路”国际物流大通道，充分利用国际国内两种资源两个市场，发展开放型经济。加快推进新一代信息基础设施建设，以银川、中卫为核心，建设大数据存储和应用基地，加强宽带网络建设，提升省内、省际、

---

①段庆林:《宁夏打造丝绸之路经济带战略支点构想》,《新商务周刊》2014年10月29日。

国际骨干网传输能力。

积极促进宁夏按一个大城市规划建设，加强沿黄城市带建设，努力提高人口和经济密度，改善营商环境，加大招商引资力度。争取兰州—固原—庆阳高铁项目立项，促进固原市与西兰银重点城市的便捷交通，带动贫困地区发展。

（三）加强国内国际贸易投资便利化合作

我国贸易投资便利化政策，还存在法律法规不健全，与国际合作还不够深入等不足。中央积极支持对边贸易体制，也在稳步推进自由贸易区建设，努力提高双边开放水平，实行高水平的贸易和投资自由化便利化政策。

宁夏要在国家优化区域开放布局中，积极争取把银川市打造成为贸易投资区域枢纽城市。并充分利用宁夏内陆开放型经济试验区平台，在内陆开放上先行先试。积极加快货物贸易优化升级，淘汰落后生产能力，加快外贸转型升级基地建设，积极延长产业链，探索与沿海地区共建产业合作园区，努力培育贸易竞争新优势。积极探索创新双向投资合作方式，避免非理性投资。

改善投资环境。积极开展产业链招商，加强产业集群，积极降低制度成本，充分发挥宁夏能源等比较优势，培育引资竞争新优势，不搞竞相攀比优惠政策，营造稳定公平透明、法治化、可预期的营商环境。全面实行准入前国民待遇加负面清单管理制度，公平对待所有企业。积极保护外商投资合法权益，严厉打击侵权假冒违法犯罪行为。

建设“单一窗口”。建立统一的政府信息平台并实现数据共享，将进出口手续签注一体化，使口岸执法简化为“一次申报、一次查验、一次放行”，实现贸易投资便利化。

积极促进银川综合保税区向自由贸易试验区转型升级，我国已经开始进入自由贸易港建设时代，宁夏应该推进“区港”一体化。

宁夏加工贸易发展情况调研报告

岳　昭

为进一步提高宁夏加工贸易产业转移承接能力，近期，自治区商务厅组织开展了深入调研，旨在摸清底数，查找不足，总结经验，进一步完善政策支撑体系，推动宁夏加工贸易加快转型升级和创新发展。

一、宁夏加工贸易发展现状

加工贸易是对外贸易的重要方式之一，通过进（来）料加工复出口，实现生产能力和技术的高附加值，在促进产业结构升级和技术进步、改善出口商品结构、扩大就业等方面发挥了重要作用。近年来，自治区商务厅持续加大政策扶持力度，不断优化营商环境，积极引进培育加工贸易企业，促进加工贸易转型升级和创新发展。2016 年下半年以来，宁夏新增加工贸易项目 5 个，分别是宁夏神州轮胎公司的轮胎加工项目、恒丰纺织公司的纯棉单纱加工项目、吴忠恒利民族服饰公司的服装加工项目、同心祥福绒毛制品公司的无毛山羊绒加工项目和中卫炫姿服装公司的服装加工项目，产品主要出口欧盟、日本、韩国、印度及中东市场。2017 年，宁夏开展加工贸易企业共 20 家，有进出口实绩的 18 家，其中，银川市 11 家，主要分布在银川综合保税区和经济技术开发区，涉及黄金珠宝加工、铸造、电子电器、石英、纺织服装、橡胶等产业；石嘴山市 3 家，集中在石嘴山市生态经济开发区，涉及橡胶、化工等产业；吴忠市 4 家，主要分布在羊绒工业园区和毛纺织园，涉及纺织服装、羊绒等产业；中卫市 2 家，集中在沙坡头区，涉及服装、造纸等产业。2017 年 1—10 月，宁夏加工贸易进出口 32.6 亿元，同比增长 263%，占全区进出口总额的 11.5%，拉动全区外贸增长 14 个百分点。其中，出口 16 亿元，同比增长 308%，占全区出口总额的 7.7%；进口 16.6 亿元，同比增长 228%，占全区进口总额的 22%。主要呈现以下特点：一是加工贸易比重总体上升。2013 年至 2017 年 10 月，加工贸易进出口额占比分别为 0.4%、5.6%、11.1%、5.8%和 11.5%，宁夏加工贸易比重不断上升。二是加工贸易产业链逐步延伸。随着宁夏金银街产业园公司黄金珠宝加工、如意科技公司棉花加工、神州轮胎公司橡胶加工等项目实现投产，宁夏加工贸易从过去的初级加工逐步向精深加工配套深化，产业链下游高附加值占比不断提高。三是产品结构日益优化。加工贸易逐步从劳动密集型为主向劳动密集和技术、资金密集型并重转变，以黄金珠宝加工、电子电器、纺织服装、精密铸造等为代表的高新技术制造业成为加工贸易主导产业。四是经营主体由单一向多元转变。民营企业加工贸易发展迅速。2017 年，宁夏有加工贸易实绩企业 17 家，其中民营企业 14 家，进出口额 30.9 亿元，占全区加工贸易出口总额的 95%。

伴随宁夏鼓励加工贸易发展政策措施的落地见效，全区加工贸易转移承接能力明显提升，加工贸易发展增速逐步加快。但受区位条件、要素价格等因素制约，宁夏加工贸易还存在总量偏小、结构单一、运营成本高、配套能力弱、政策体系不健全、龙头带动作用不强等一系列问题。一是主体规模小、结构单一，产业占比低。2017 年 1—10 月，宁夏加工贸易进出口仅占全区进出口总额的 11.5%，比全国加工贸易占比低 17.5 个百分点，比西部地区低 10.5 个百分点。二是运营成本高，加工贸易产业转移承接能力较弱。一方面宁夏地处内陆，物流成本高。另一方面，土地、劳动力等生产要素价格上涨。不良因素的多重挤压，导致宁夏加工贸易企业出口竞争力下降。三是配套能力弱，营商环境有待进一步优化。作为内陆欠发达地区，宁夏基础设施不完善、工业基础薄弱、相关配套产业发展不足，导致高科技、高附加值、知名品牌的加工贸易项目落地少，劳动密集型产品占比达80%以上，竞争力弱。金融业态以传统的银行贷款为主，缺乏股权融资和债券融资等多样化金融工具。贷款资源、担保资源供需矛盾突出，加大了企业财务负担，制约了企业扩能增产。受配套设施、营商环境等因素制约，招商引资项目优惠政策兑现不及时，加工贸易项目招商难度大。

二、推动加工贸易发展的主要工作及成效

为积极应对复杂严峻的外贸形势，推动全区外贸稳增长、调结构，努力提升宁夏加工贸易产业转移承接能力，按照国务院和自治区政府的安排部署，自治区商务厅主动作为，精准施策，从强化政策引领，突出降本增效，强化载体建设，提升承接能力，优化营商环境，提升服务水平等方面着手，提出了具体的支持政策和工作措施，并认真抓好政策措施的贯彻落实，取得了一定的成效。主要开展了以下几方面的工作。

（一）强化政策引领，健全机制保障

按照《国务院关于促进加工贸易创新发展的意见》(国发〔2016〕4号)要求，自治区商务厅在开展调查研究，学习借鉴发达省区先进经验和做法的基础上，结合宁夏加工贸易产业发展实际，研究制定并提请自治区人民政府出台了《自治区关于鼓励加工贸易发展的意见》(宁政发〔2016〕82号)，《意见》重点在精准施策降低企业成本方面发力，着力解决加工贸易企业物流成本高、融资难融资贵等突出问题，从鼓励特色产业集群发展、建立加工贸易转移合作机制、深化加工贸易行政审批改革、创新海关监管模式、加强加工贸易产业用地统筹、降低加工贸易企业成本、加大融

资支持力度、加强出口信用保险支持、提升外贸综合服务水平、加强加工贸易人才队伍建设等10个方面提出了多部门协作联动、责任主体分工明确的工作措施，同时，会同自治区财政厅修订完善了《宁夏回族自治区外经贸发展专项资金管理办法》和《宁夏回族自治区外经贸发展专项资金项目申报指南》，明确和规范了资金使用方向、支持范围和支持比例，提出了加强规范外经贸发展专项资金使用管理的具体要求，确保各项政策措施落到实处。

（二）强化载体建设，提升承接能力

充分发挥银川市国家加工贸易梯度转移承接地、银川综保区、银川经开区、石嘴山经开区等园区的承接载体功能，结合宁夏加工贸易产业布局，向五市切块下达中央加工贸易转移支付专项资金2950万元，支持全区加工贸易企业创新发展，其中，银川市2500万元，石嘴山市180万元，中卫市150万元，吴忠市100万元，固原市20万元。对加工贸易企业因技改研发发生的实际支出费用给予不超过30%的支持；对加工贸易企业通过公路、铁路将货物运输到沿海沿边各出境口岸和通过银川河东国际机场出境的运输费用给予支持，出口农产品和食品产生的运输费用支持比例不超过40%，出口其他货物产生的运输费用支持比例不超过20%；对加工贸易企业在区内各口岸和海关特殊监管区实际发生的仓储费用给予不超过30%的支持；对加工贸易企业新增项目贷款给予基准利率30%左右的贴息；对通过职业技能培训取得职业资格证书或参加岗位技能提升培训取得相应培训证书的加工贸易企业，给予技师2000元/人、岗位技能提升培训1000元/人的支持；对加工贸易招商引资活动产生的项目编制评审、行业发展规划、产业宣传推介等费用给予全额支持。宁夏加工贸易产业转移承接能力不断提高，近年来，先后引进黄金珠宝产业园、恒丰纺织、如意纺织、新安化工等重点加工贸易项目，积极培育大地神州轮胎、佳通轮胎、祥福绒毛、恒利民族服饰等区内加工贸易项目，有效促进了宁夏加工贸易产业集聚发展。

（三）优化营商环境，突出降本增效

一是推动加工贸易行政审批制度改革，取消加工贸易合同审批和保税进口料件或制成品转内销审批，进一步简化内销征税和核销手续。二是推动建立合作交流机制。先后与上海、江苏、天津等东部发达省市签订商务重点领域合作协议，建立加工贸易转移承接协调联系机制，组织企业对接交流，探索建立跨区域加工贸易产业联盟，以纺织服装、装备制造、黄金珠宝加工等产业为重点，引导支持与宁夏关联度高、产业链衔接的加工贸易项目向宁夏转移，实现优势互补、互利共赢。三是推动金融保险支持。会同自治区财政厅设立 1.1 亿元外经贸融资担保资金，注入宁夏宁贸通融资担保公司，为宁夏外经贸企业提供融资担保和再担保服务。与国家开发银行、中国出口信用保险公司、中国银行、建设银行、工商银行、交通银行、民生银行、华夏银行、宁夏银行、石嘴山银行等金融保险机构签订战略合作协议，推动建立政府、金融、信保、担保、企业“五位一体”融资担保服务体系，撬动金融资本为加工贸易企业信贷支持，不断解决中小微加工贸易企业担保难、融资难问题。截至 2017 年 11 月，为宁夏 41 家外经贸企业提供担保业务 167 笔，累计授信总额 27450 万元，累计担保总额 19027 万元。充分发挥出口信用保险政策性功能作用，切实帮助外向型企业降低收汇风险，提升债权信用等级，提高企业国际市场开拓和抵御国际市场风险的能力，着力帮助宁夏外向型企业规避国际贸易风险。2016 年以来，自治区商务厅会同中国出口信用保险公司大力加强出口信用保险业务培训，不断提高海外风险咨询服务水平，将出口信保“风险全覆盖”范围由 500 万美元提高到 1000 万美元。

三、进一步加快推进加工贸易发展的对策

坚持问题导向原则，按照目标导向和任务导向要求，直面宁夏加工贸

易存在的问题和困难，继续突出政策引领和降本增效，坚持在精准施策降低企业成本方面发力，紧盯改善营商环境，不断提高宁夏加工贸易产业转移承接能力。

（一）着力优化营商环境

一是持续完善政策支撑体系。组织海关、检验检疫及加工贸易企业赴陕西、河南、重庆等省市考察学习，借鉴兄弟省区承接加工贸易产业转移先进经验和做法，完善宁夏承接加工贸易产业转移政策体系。二是持续降低企业经营成本。扩大生产型出口企业、销售宁夏产品的外贸流通企业货物出口物流补贴覆盖面；申请自治区本级财政预算安排外贸发展专项资金，启动进口内陆运输费用补助；加大金融支持力度，继续完善政府、金融、信保、担保、企业“五位一体”融资担保服务体系，适时扩大外经贸融资担保资金规模，拓展签约金融机构，提高担保授信额度，扩大融资担保覆盖范围。三是持续提高贸易便利化水平。按照国家口岸办要求，抓紧做好国际贸易“单一窗口”国家标准版推广应用普及工作，在宁夏全面实现“一个平台、一次申报、一同受理、一并反馈”快速通关模式。

（二）着力加大招商引资力度

一是纳入全区招商引资计划。强化加工贸易产业转移在全区招商引资任务中的地位，将承接加工贸易产业转移融入全区招商引资“一盘棋”计划，整合资源，统筹协调，抢抓宁夏党政代表团江浙行、国内重大展会、闽宁协作会议等有利时机，多层次、多角度、多领域搭建加工贸易产业对接合作平台。二是深化区域经济合作。扩大宁夏与中东部发达省区建立加工贸易转移合作机制范围，深化与江苏、浙江、天津、福建等省市区的区域经济技术合作和协议省区企业的对接交流，探索建立跨区域加工贸易产业联盟，吸引京津冀、长三角、珠三角地区适合宁夏产业类型的加工贸易项目优先向宁夏转移。加大对加工贸易企业扶持力度，推动加工贸易项目“意向转协议，协议转合同，合同转落地，落地转发展”的转化速度。三是创新招商引资方式。积极探索从单一招商到联合招商转变，积极开展定向招商、组团式招商、产业链招商、“飞地”招商，围绕已经形成规模优势的黄金珠宝加工、电子电器、精密铸造、纺织服装等产业，积极引进加工贸易项目向宁夏转移，形成“引进一个、带来一批”的聚集效应。

（三）着力培育加工贸易竞争优势

一是加快载体培育。坚持以加工贸易产业规划引领园区发展，统筹指导承接园区错位发展，确保园区加工贸易主导产业突出，集聚效应明显。积极拓宽投融资渠道，鼓励和支持社会资本参与园区建设，提升投资环境“软实力”，增强承接产业转移的竞争力。二是推动产业转型升级。紧扣加工贸易产业集聚发展主线，以改造提升基础设施建设为基础，以新兴产业和先进制造业为支撑，实施创新驱动战略，推进宁夏黄金珠宝加工、电子电器、纺织服装、精密铸造等加工贸易优势产业增链补链，梯度承接精深细加工项目，助推加工贸易产集聚发展和转型升级。三是发挥低成本通道优势。依托中西部地区货物和商旅经停银川转往中东、欧洲和非洲比绕道北上广分别节约20%和30%成本的优势，吸引适合航空和班列运输的加工贸易产业向宁夏聚集，引导宁夏加工贸易企业利用低成本通道优势“走出去”，提高企业参与国际市场竞争能力。四是提高国际市场营销能力。引导加工贸易企业建设国际营销网络，提高参与国际市场竞争的能力，组织宁夏加工贸易企业参加境外知名展会，开拓国际视野，提升企业国际经营水平。五是提高国际风险抵御能力。发挥出口信用保险政策性功能作用，将加工贸易企业纳入出口信保“风险全覆盖”支持范围，帮助加工贸易企业开展海外市场风险咨询服务，降低收汇风险，提升企业安全发展水平。

宁夏招商引资研究

尚亚龙

招商引资是政府经济管理职能的重要组成部分，是地方政府推动经济发展的重要手段之一。振奋精神、实干兴宁，加强招商引资的工作力度，改善投资发展环境，积极引进域外资金、技术、人才、品牌、管理等生产要素，不但能够增加宁夏经济总量，改善经济结构，促进产业转型升级，激发增长活力，而且有利于增强宁夏对外开放的资本实力，推动内陆开放型经济试验区建设迈向新的台阶，加快宁夏实现经济繁荣、民族团结、环境优美、人民富裕，与全国同步建成全面小康社会的奋斗目标的步伐。

一、宁夏招商引资的现状及特征

（一）招商引资概况

1. 自治区政府高度重视招商引资工作

2011 年，自治区政府围绕构筑内陆开放型经济试验区建设，全方位开展外引内联，强力推进“10+3”招商战略①，连续两年超额完成招商引资目

① 2011 年，自治区政府提出了“10+3”招商策略，进一步促进与国内各大经济区域及国内外的深度交流与经贸合作：召开 10 个专场经贸推介会，即在浙江、河南、陕西、北京、重庆、黑龙江、云南、福建、四川、深圳等 10 个地区举办专场招商活动。在三个层面搞好各项招商活动，即在国际层面上，集中精力筹办“2011 宁洽会暨第二届中阿经贸论坛”“2011 香港经贸文化旅游活动周”；在国内层面上，积极走出去，参加“西洽会”“西博会”“东盟博览会”“东北亚博览会”等国内知名的经贸活动；在区内层面上，认真办好“房车文化节”“园博会”“文博会”“服装博览会”等重要节会。

标任务。2013 年，通过大力开展“大招商，招大商”工作，全年招商到位资金突破 1400 亿元，达 1513 亿元。2014 年，面对国内经济下行压力的加大及国内外投资意愿的降低，自治区党委、政府审时度势，作出“转作风、抓发展，大干 150 天”的决策部署，有力推动了招商引资工作实现新的突破。2015 年，按照自治区党委、政府的统一部署，全区上下党政各级组织高度重视招商引资工作，积极引进项目，抓好落实，使经济社会发展取得了良好成效。

2. 项目投资规模不断扩大

如表 1 所示，“十二五”期间区外资本对宁夏投资实际到位资金一直在增长，实际投资金额的增长率趋于下降，不过招商引资实施项目数量变化不大。2011 年，全区招商引资共引进实施项目 826 个，投资到位资金 1106.57 亿元，至 2015 年全区招商引资共引进实施项目 991 个，投资到位资金 1815.19 亿元，实施项目的数量增长 20%，但投资到位资金增长了 64%。

（二）产业招商引资成效显著

如表 1 所示，各地积极落实《宁夏回族自治区空间规划》，紧紧围绕“一县一业”产业规划，依托自身的资源、区位、产业基础、人力资源等条件，确定招商方向、重点产业，有力地推动了宁夏特色优势产业结构调整升级。

表 1　宁夏各市县招商引资产业规划项目

银川市	兴庆区：城镇住宅、批发零售、仓储物流地块招商
	金凤区：总部经济及金融、保险、文化创意等现代服务业
	西夏区：公铁物流、葡萄酒产业
	贺兰县：生态纺织加工
	永宁县：装备制造业、葡萄酒产业、现代物流业及文化旅游项目
	灵武市：绒制品及纺织产业、再生资源产业、临港产业
	经济技术开发区：金融证券、商务贸易及咨询服务、现代商务配套及媒体创意设计
	银川滨河新区：生态旅游、现代商贸服务业、临港产业
	银川综合保税区：保税物流、保税加工、保税服务、新兴服务贸易、高端制造业

续表

石嘴山市	大武口区:装备制造产业、纺织产业
	惠农区:能源化工与应用产业
	平罗县:装备制造产业
吴忠市	利通区:毛纺织产业
	红寺堡区:葡萄产业
	青铜峡市:特色装备制造
	盐池县:石油、天然气化工产业
	同心县:羊绒深加工
固原市	原州区:冷凉蔬菜产业
	泾源县:旅游产业
	彭阳县:草畜产业
	隆德县:文化旅游产业
	西吉县:特色农产品产业
中卫市	沙坡头区:旅游、信息、现代物流、现代农业
	中宁县:电解铝下游产业和枸杞及特色农副产品加工产业
	海原县:草畜产业

资料来源：宁夏回族自治区商务厅。

2016 年 6 月，自治区人民政府下发了《关于 2016 年全区招商引资指导性目标任务的通知》，确定全年全区招商引资指导性目标任务 2000 亿元。文件要求各地、各开发区要加快转变政府职能，创新招商引资方式，努力拓宽招商引资渠道，不断提高招商引资专业化水平，更好地发挥招商引资对推动全区经济社会发展的积极作用；努力打造“两优”投资发展环境，认真落实《宁夏回族自治区空间规划》，引进的招商项目既要有利于优化升级产业结构，更要注重节能减排，不断提高招商引资质量。经过半年努力，2016 年招商引资实际到位资金 2000 亿元，圆满完成了自治区人民政府制定的招商引资目标任务。

（三）重点区域招商引资继续加力

如表2所示，2015年，承接环渤海、长三角、珠三角等发达地区产业转移步伐明显加快，全年引进环渤海地区在宁投资项目数287个，到位资金596.5亿元，占招商项目到位资金比重33%；长三角地区在宁投资项目数185个，到位资金313.2亿元，占招商项目到位资金比重17%；珠三角地区在宁投资项目数120个，到位资金127.3亿元，占招商项目到位资金比重7%。引进了不少优质企业，如华夏银行、民生银行、保利协鑫、浙能电力、中民投、金晶集团等区外大型企业集团。另外，各市县对于项目的包装也在不断加强，特别是集中力量对建设条件成熟、市场前景广阔、预期效益好的项目进行论证包装和市场推介，提高招商引资的成功率，还更多地与业内顶级的国内公司、跨国公司、上市公司、世界500强公司建立联系，多方面收集信息，主动在国内外推介宁夏，吸引更多更强的外商来宁夏投资兴业。

表2 2015年宁夏承接东部产业转移情况

地区	包含省份	实施项目数量(个)	到位资金(亿元)
环渤海经济圈	北京、天津、河北、山东、辽宁	287	596.5
长三角经济圈	江苏、上海、浙江	185	313.2
珠三角经济圈	江西、福建、广东、香港	120	127.3

数据来源：宁夏回族自治区商务厅。

（四）不断创新招商引资方式

为积极应对经济发展新常态，主动调整地区产业结构，自治区各级政府都十分重视创新招商引资方式，积极推行会展招商、以商招商、产业链招商、精准定位招商等多种方式。一是高层领导亲自招商。2015年以来，自治区主要领导先后出访上海、内蒙古、贵州、甘肃等地，积极推动省区间经贸合作，签订了一批重要的合作项目，为全区招商引资工作奠定了良好的基础。二是积极组织会展招商。2015年，自治区倾力举办了中阿博览会等大型经贸文化活动，组织各地参加“西洽会”“哈洽会”等区外节会，促成了一批投资合同，达成了一批初步的合作意向，招商引资成果丰硕。三是大力开展以商招商。进一步将各地驻宁商会作为招商引资主力军，充分利用其联结企业家群体的纽带作用，发挥其在招商引资中的协调功能，大力开展以商招商，利用其熟悉市场的便利条件，与同乡之间的情谊和在家乡的影响力，牵线搭桥，提高招商效率和实效。四是开展产业链招商。积极围绕装备制造、新能源、新材料等行业龙头企业，挖掘上下游关联企业和合作项目，利用配套优势形成集聚。五是实施精准定位招商。吴忠市针对生态纺织产业园区以恒丰集团为桥梁，对接的17家项目有6家已开工建设；银川市围绕通航、新材料、生物发酵等5个重点产业，筛选重点跟踪企业，建立项目定期跟踪责任制，切实提高精准招商成效。

（五）招商引资环境不断优化

各地高度重视投资环境，以打造“两优”环境为目标，不断改进和创新服务方式，提高服务效率和服务水平，增强服务的主动性、超前性和系统性，提升全区“筑巢引凤”吸引力。一是深化政务公开和效能建设，积极转变工作作风，务实服务，高效服务，为客商提供便捷投资、舒心创业、放心发展的投资环境。二是突出优化项目服务，努力打造“前期洽谈、项目审批、建设管理、投产服务”一条龙全程跟踪服务体系和“一个项目、一套班子、全程负责、一抓到底”的责任制，建立了项目立项、承办、落实的反馈机制，及时研究和解决招商以及项目引进、项目实施过程中出现的各类新情况、新问题，为推进项目实施提供了保证。三是打造规范有序、公平竞争的市场环境。各地党委、政府不定期研究解决制约招商引资和项目落地的问题，建立主要领导负责制、目标责任制、年度考核制，各市还采取各种措施对签约后还未落实的项目，进行了深入分析，及时查明原因，帮助推动项目尽快开工落地，加快建设投产。

二、招商引资过程中遇到的主要问题

（一）缺乏科学的统筹规划，招商引资项目把关不严

招商引资对地方经济至为关键，全国不少地方在招商引资过程中，由于没有科学的招商引资规划，加之对项目的把关不够严格，导致引进的项目质量和产业结构不够理想，出现种种问题。宁夏也不例外，有的招商活动组织的轰轰烈烈，场面气势比较到位，财力精力耗费不少，但活动后的签约项目不多，实际成果不够理想。有的地方政府一听到大项目、大投资就跃跃欲试，不加分辨匆匆上马，未批先建一路绿灯，给予企业或开发商最优惠的政策，甚至不惜投入巨资为其建设基础设施。正因为如此，一些不合规不合理的项目才大行其道，不断上演“空手套白狼”，造成不少重复建设、环境污染、消耗资源、产能过剩等问题。在承接产业转移中，也产生了部分产能过剩和技术、装备水平较低、竞争优势乏力的项目，有的项目刚刚建成已经停产；商业综合体项目过多，已严重超出了城市的承载能力；物流园区项目占用土地过多，大多起点较低，定位不明，市场预期缺乏支撑。例如，泾源县亚泰物流园 4.5 亿元招商引资项目以及石嘴山市“中国青年汽车集团”项目的烂尾，都是招商引资失败的典型案例，都不同程度反映出当地政府相关部门把关不严，某些领导玩忽职守的问题，给当地社会经济发展留下了难以磨灭的阴影。

（二）招商引资难度加大，投资环境仍然有待改善

项目投资意愿不足。一方面，受行业产能过剩影响，工业企业普遍投资愿望不强，观望情绪明显，新建项目数量减少，企业投资信心不足，招商难度不断加大；另一方面，受产业配套能力弱、物流运输成本高、专业技术人员缺乏、融资难等因素制约，项目引进难度也比较大。行政审批改革进展不平衡，放管服务还不到位，融资环境虽有改善，但中小企业融资难、融资贵的问题仍未根本缓解。部分国家专项建设基金难以落地。受产

业准入、市场融资、土地指标等因素限制，部分落地项目建设进度较为滞后。尤其是融资困难对项目建设的影响较大。目前多数企业的融资渠道仍较为单一，主要依靠银行贷款解决自有资金不足的问题，受经济大环境的影响，部分企业融资遇到一定困难，大多数新建中小企业生产规模小，自有资金偏少，资金投入短缺，影响了项目建设进度，项目难以按计划正常进行。

（三）缺乏战略发展眼光，产业同质化现象显现

产业转移一般是以劳动密集型产业和资源密集型产业开始，进而发展到技术密集型产业。宁夏目前在承接产业转移的初期阶段，承接东部产业转移以劳动密集型产业为主。这些产业的引进固然能为地区提供大量低门槛就业岗位，增加地区剩余和低技能劳动力的就业机会，尤其是对于改善以宁南地区为代表的贫困地区居民收入具有重要意义。但各地如果缺乏差异化发展战略眼光，极容易产生“一窝蜂式引进”的混乱局面，从而引发地区之间的恶性竞争，造成资源上的浪费。当前，全区仅棉纺织业就有位于贺兰的如意纺织、吴忠的恒丰纺织、石嘴山的恒达纺织等若干家企业，且其他各地似乎也有意继续引进此类企业，长远来看，不利于产业的集约化发展。从区域竞争的角度而言，产业发展优势并非仅是新兴产业的引进，还应包含特色、集聚、文化等多种要素整合优势。唯有鼓励地区产业错位发展、特色发展、量力而行发展，才是区域经济科学的发展方向。

（四）外资来源渠道单一，招商引资方向有待商榷

自 1984 年宁夏第一家外商投资企业成立至今 30 年间，全区共批准设立外商投资企业 875 家，合同外资额 34 亿美元，实际利用外资约 14 亿美元①。外资企业的引进为宁夏经济发展注入了新的生机和活力，已成为宁夏经济发展进程中不可小觑的力量。如表 3 所示，近三年来，宁夏实际使用外资金额逐年增长，外商直接投资发展势头良好。虽然 2015 年外商投

①《宁夏外资企业规模逐步扩大》，http://www.nx.gov.cn/zwxx/zw/bmdt/105671.htm。

资协议金额13.59亿美元，但全年实际使用外资（不含境外借款）仅1.86亿美元，外资实际利用率创新低，仅为13.7%。但2016年，全区合同外资5.6亿美元，实际利用外资额2.53亿美元，外资实际利用率增长36%，再创佳绩，外贸结构不断优化，服务业实际利用外资占58%。

表3　2014—2016年外商直接投资情况

指标	单位	2014年		2015年		2016年	
		绝对值	增幅(%)	绝对值	增幅(%)	绝对值	增幅(%)
批准项目	个	22		37		29	
合同外资金额	亿元	5.24	36.8	13.59	160	5.6	−58.4
实际使用外资	亿元	0.92	−37.6	1.86	100	2.53	36.1

数据来源：宁夏回族自治区统计局。

不过，外资来源渠道依然较为单一。2016年，全区新批准设立和变更外商直接投资企业共21家，注册资本总额3.69亿美元，合同外资金额3.59亿美元，实际利用外资1.15亿美元。21家新设和增资企业中，合同外资金额3.44亿美元，实际利用外资金额1.14亿美元。

此外，近年来面向国外的招商引资活动，从宁洽会暨中阿经贸论坛到中阿博览会，虽然一直没有中断，但招商引资的范围趋于狭小。尽管通过中阿博览会的举办，从服从国家战略的角度而言，为国内带来了颇为丰厚的投资回报，也为“一带一路”倡议作出了贡献。但从宁夏自身发展角度来看，对外经济合作不能过于侧重对阿经贸合作。宁夏与阿拉伯国家同属重化工能源产业主导地区，经济周期同步性较高，而东亚的日、韩等传统合作伙伴中高端制造业较为发达，经济周期同步性较低。既然提出要发展高端装备制造业，就应该更多借助成熟发达经济体的力量，吸引东亚，乃至欧美高端制造业企业进入宁夏市场。而中东一些国家虽然富可敌国，但并不属于工业发达国家，其制造业发展水平尚不及我国，更适宜我们“走出去”发展，通过加强对当地投资，谋划产业布局，例如宁夏主导的在沙特建设的“中沙工业园”，以及在阿曼建设杜古姆的“中国产业园”两个园区的建设，就开创了极好的先例，充分体现了中阿务实合作的精神。所以相对而言，比之阿拉伯国家的企业，东亚经济体内的发达国家与先进地区，更容易也更加适宜作为招商引资的对象加以引进。再加“一带一路”倡议的影响力，现今已经引起欧美、日等诸多发达国家和地区的关注，如何从中寻找商机，转化成实际的合作项目，值得深入推敲。

三、以招商引资促进宁夏转型升级发展新格局的对策建议

新常态下宁夏招商引资要具备新思维，要以中央和自治区“十三五”规划为指导，牢固树立创新、协调、绿色、开放、共享的发展理念，围绕供给侧结构性改革不断深入，探索总结规律，创新制定政策，不断提高招商引资工作的质量和水平，以招商引资促进宁夏经济转型升级发展新格局。

（一）营造良好营商环境，拓展更加广阔的发展空间

要充分利用好内陆开放型经济试验区先行先试的政策优势，大胆创新，大胆探索，积极复制借鉴自贸区改革经验，营造好国际化、法治化、便利化的营商环境。良好的营商环境是吸引投资者的重要因素，软硬件都要加强。硬件方面，当前宁夏多数区域的基础设施建设，特别是公路建设已初具规模，但部分乡镇，尤其是宁南山区的乡镇公路建设相对滞后，其他基础设施建设也相对薄弱，建议加大对乡镇基础设施建设的投入力度，通过财政倾斜、民间投资等办法，不断改善乡镇基础设施状况。软件方面，即投资软环境建设。软环境建设是招商引资环境建设的重点。与东部发达地区相比，宁夏在硬件方面缺乏先天优势，要想在新一轮对外开放中抢占先机，就必须在软环境上下点功夫。近年来，宁夏投资发展环境有了较大改观，不少客商也愿意投资宁夏，并看好宁夏。但客观地讲，宁夏的投资发展环境与客商期望、与建设开放宁夏的要求还有很大差距。为此，要牢固树立“环境就是生产力，环境就是竞争力，环境就是亲和力”的理

念，全力打造让投资者放心、舒心的生产和生活环境，把宁夏真正建成投资发展的洼地。同时，地方政府要搞好招商引资项目的后续服务工作，这样才能留住已有的投资者，引来更多的投资者。自治区提出“坚定不移推进改革开放，努力打造更具活力的机制体制，拓展更加广阔的发展空间”的要求，对于宁夏招商引资工作而言也是一项新的要求。为此，应当认真揣摩研究，研究在今后的招商引资工作中，如何尽量简化投资相关的审批手续，提高办事效率，认真细致地围绕投资者的生产、经营、生活搞好服务，给在宁投资的客商营造“广阔的发展空间”。

（二）加大精准招商力度，着力引进能够推动产业转型发展的好项目

2017 年 6 月，中国共产党宁夏回族自治区第十二次代表大会上，石泰峰在《振奋精神 实干兴宁 为实现经济繁荣民族团结环境优美人民富裕 与全国同步建成全面小康社会目标而奋斗》的报告中，特别指出要“深化与京津冀、环渤海、长三角、珠三角等地区的战略合作，加大精准招商力度，着力引进培育一批优质市场主体”。为此，一是要在加大招商引资考核力度的同时，修改完善现行的招商引资考核办法，改变以往以投资数量为主要内容的考核方式，注重项目对当地产业结构调整、产业链延伸、环境影响和经济社会的拉动作用，引进一批符合宁夏空间发展战略，推动产业转型升级的大项目、好项目。二是要努力扩大产业链招商。产业聚集是各地产业发展的目标，通过引进上游龙头企业，带动下游企业投资进入。各地、各开发区要加快转变政府职能，创新招商引资方式，努力拓宽招商引资渠道，不断提高招商引资专业化水平，更好地发挥招商引资对推动全区经济社会发展的积极作用。

（三）科学定位园区发展，构建绿色生态经济体系

一是要依据《宁夏空间发展战略规划》，对全区各地市、县（区）、园区产业发展方向进行准确定位，引导各地错位发展，避免恶性竞争，走专业化、产业化招商的路子，形成“拳头效应”。进一步加大对各类开发区

特别是国家级开发区基础设施建设的政策扶持力度，在布局大项目方面给予倾斜和支持，切实提高国家级开发区的综合竞争力。二是要对符合自治区产业规划的、有市场前景和发展潜力的企业，加大扶持力度，最大限度地放宽对外来投资的各种限制，鼓励投资者采取各种形式参与投资开发。三是结合国家“一带一路”倡议的实施，通过对合作项目的贴息、资助和奖励等方式，加大对宁夏企业参与国际、国内合作的政策引导力度，鼓励企业走出去。四是要按照绿色循环低碳环保的要求，推动地区产能改造提升，整合园区资源，发展节能环保的高端产业和循环经济。要建设一批生态产业园区，构建高科技、低耗能、低污染的绿色生态经济体系。对于污染环境的企业和产业，要采取铁腕手段，严格依法治理。严格落实节能减排约束指标，促进各类资源节约高效利用。

（四）实施全方位多层次对外开放战略，推动试验区“双中高”发展

宁夏要主动融入并积极参与“一带一路”建设，实施全方位多层次对外开放战略。一方面，继续重视向西开放，立足“国家所需，宁夏所能”，加强中阿之间金融贸易等方面的合作，办好中阿博览会，充分发挥中阿博览会平台作用，积极吸引国内外企业参与“一带一路”建设。另一方面，要继续加强同欧美日韩等传统经济合作伙伴之间的交流合作，尤其是要通过招商引资积极引进一批海外高新技术产业企业，一旦成功，将比承接东部产业转移更具深远意义。国家“十三五”规划中虽然明确提出要实施创新驱动战略，东部发达地区可以利用现有产业基础，加大创新力度，直接与发达国家竞争。中西部欠发达地区可依托自身优势，低成本、高效率地承接国内产业转移，甚至是国际产业转移，加快经济发展。从发展视野看，作为国家内陆开放型经济试验区，宁夏在保持中高速增长基本实现的情况下，还要迈向中高端经济发展水平，为此，既要实现发展方式在微观或中观经济层面的转变，更要侧重发展战略的重大调整，更加强调宏观战略层面，其中不仅包括发展方式转型、体制机制的创新等，也包括对外开

放战略的适时调整。

（五）强化产业扶贫政策，以招商引资助力精准扶贫

贫困问题是制约宁夏经济协调发展的一项短板。截至2017年6月，宁夏仍有41.8万贫困人口，扶贫攻坚任务依然艰巨。但是过去较为粗放的扶贫模式早已不适应当前形势，当下扶贫的模式主要还需依靠精准扶贫，除了要建档立卡，分户制订脱贫计划和时间表以外，重点应着力于强化产业扶贫措施。一是大力实施富民工程。重点推荐产业富民，利用当地特色产业优势，给老百姓带来“真金白银”的致富渠道。培育一批吸纳就业能力强的乡镇企业，奠定农民增收基础。二是要强化闽宁两省区对口交流合作，相互积极利用产业园区，推进产业发展，充分发挥两省区在产业方面的互补优势，鼓励企业到对方产业园区投资发展，进一步拓展两省区在教育、医疗、旅游、结对帮扶等方面的合作交流。三是地方政府要积极主动与电商企业交流，开展电商扶贫方面的合作。推广普及电商扶贫试点，依托京东、亚马逊、阿里巴巴等电商集团的资本、人力、技术、硬件设施、品牌影响力等相关资源，帮助偏远山区与贫困农村地区相关涉农企业和电商平台优化业务结构，提高经营水平，调整产业结构，促进企业转型升级，实现产业扶贫。

宁夏打造外向型产业体系研究

郭亚莉

外向型经济指与国际市场紧密相连的某国或某地区的经济体系。外向型经济分广义和狭义两种。广义的外向型经济是指在世界范围内进行贸易、资本、技术、劳动力等方面的经济交流活动。狭义的外向型经济是指以国际市场为导向，以出口创汇为主要目标的经济活动。外向型经济就是一国或地区为推动该国或地区的经济发展和增长，以国际市场需求为导向，以扩大出口为中心，根据比较优势理论，积极参与国际分工和国际竞争，所建立的经济结构、经济运行机制和经济运行体系。外向型经济必须根据国际市场的需求变化来调整产业结构，为了占领国际市场，必须参与国际产业转换的循环机制，这就促使产业结构不断调整，以适应国际市场商品结构频繁的变化和发展。

近年来，宁夏依靠优势发展特色优势产业，加快转变经济发展方式。通过发展能源、煤化工、新材料、装备制造、特色农副产品加工及高新技术等“五优一新”产业，目前已经形成了以煤炭、电力、有色金属、石油化工、冶金、机械、建材、轻纺等八大支柱产业体系，初步形成了煤电

作者简介：郭亚莉，宁夏社会科学院综合经济所研究员。主要研究方向为区域经济、贫困问题、妇女问题。

铝、煤焦化、电石 PVC 等一系列产业集群，钽铌铍钛及其合金、大型煤机装备制造、风电及其设备制造、光伏发电及其设备制造、生物发酵等新兴产业发展势头强劲，以羊绒、葡萄酿酒、枸杞系列产品、土豆淀粉、乳制品、金属镁、稀有金属、化学原料药等为主的优势特色产业迅速发展壮大。

一、宁夏外向型经济分析

宁夏发展外向型经济的核心是对外贸易和利用外资，即以投资和出口为主带动经济的发展。

（一）宁夏对外贸易形势及其特征

2010—2016 年，宁夏国民生产总值在逐年增加。虽然 2012 年后受全球经济影响，增速有所回调，但各年经济增长率均高出全国平均水平。从绝对数来说，宁夏地区经济发展水平仍然很低，地区生产总值较少，从而削弱本地区出口产品的竞争力，影响本地区产品出口，导致出口依存度低。同时，地区生产总值少，人们收入水平低，又会引起宁夏对国外产品或服务的需求不足，从而影响地区进口，导致进口依存度低。2007 年以来，随着国际国内经济危机影响，外贸依存度降低（见表 1），最低为 2013 年的 4.5%（扣除异地法人贸易）。尤其是 2015 年、2016 年宁夏进出口额持续下降。制约宁夏外贸依存度提高的主要因素是经济基础薄弱。随着国内外经济增速降低，对能源及资源类产品需求量减少，影响宁夏经济增长及外贸形势。

宁夏从国外进口的主要商品：一是氧化铝、铌钽钒矿砂、天然橡胶等原料，二是各类通用机械、专用机械等。宁夏从国内购进的主要商品或服务：一是房地产业，主要引进了绿地、万达等大型房地产企业；二是商务服务；三是石油天然气；四是合成材料；同时，有卫生、保险、铁路运输等服务。

表 1　宁夏近年外贸依存度变化

单位：%

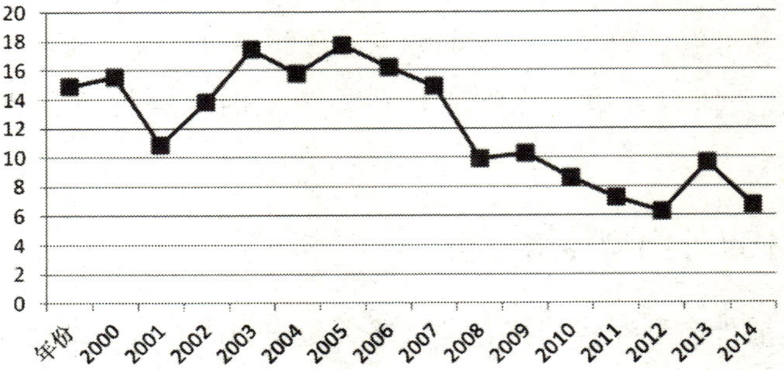

1. 外贸进出口增速下降

据银川海关统计，2015 年实现进出口总额 37.91 亿美元，比上年下降 30.3%。其中，出口 29.76 亿美元，下降 30.8%；进口 8.14 亿美元，下降 28.1%。全年累计实现贸易顺差 21.62 亿美元。

2016 年，全区实现进出口 33.69 亿美元，比上年下降 3.95 亿美元，其中，进口 7.72 亿美元，同比下降 5.16%，出口 24.97 亿美元，同比下降 16.1%。

2. 银川综合保税区进出口贸易增长对稳定全区外贸增长发挥了重要作用

2015 年，在全国、全区外贸进出口形势均下滑的情况下（见表 2），银川综合保税区积极应对，兴利除弊，在 2014 年实现产出口总额 17.3 亿美元、占全区 31.9%的基础上，2015 年完成进出口总额 20.7 亿美元，同比增长 19.7%，其中，完成进口额 4.98 亿元，同比增长 36.3%，完成出口额 15.76 亿元，同比增长 15.3%，进出口总额中，出口占 76%以上，比重较大，进口额占比虽小但增速较高，主要原因是园区加工企业本年度机器设备进口货值较大。2015 年，在全国和全区外贸进，出口总额均呈下降态势（全国下降 7.0%，而全区降幅则高达 30.3%）的形势下，银川综保区实现了近 20%的逆势增长实属不易，实现进出口总额占全区的比重也达到了 54.6%，比上年增长了 22.7 个百分点。2017 年 1 月，保税区完成进出口总

表 2 宁夏进出口贸易总额

单位：万美元

年份	进出口总额	出口总额	进口总额
2003	65323	51195	14128
2004	90839	64644	26195
2005	96672	68711	27961
2006	143746	94300	49446
2007	158430	108850	49580
2008	188195	125868	62327
2009	120156	74294	45862
2010	196049	117026	79023
2011	228573	159943	68630
2012	221667	164116	57551
2013	331800	255200	66600
2014	543600	430300	113300
2015	379100	297600	81400
2016	336900	249700	77200

注：1999 年起进出口数据为海关口径。

数据来源：2004—2016 年《宁夏统计年鉴》。

额 30.79 亿元人民币，占全区进出口总额的 67.2%。充分体现了银川综保区在发展内陆开放型经济中的绝对优势地位。

3.民营企业发展态势良好

从商品类别看，宁夏主要出口产品有：铁合金、钽铌铍及制品、金属镁、碳化硅、无毛绒、红霉素、双氰胺、机床及铸件、羊绒衫、枸杞、脱水蔬菜等 1000 多个品种。2017 年前四个月，民营企业发展迅猛。民营企业完成进出口总额占同期全区进出口总额的 76.9%，对全区外贸发展起到了显著带动作用。

4. 外贸进出口逆势上涨

2015 年，宁夏对主要地区进出口额均出现下降。对亚洲进出口比上年下降34.1%，对欧洲进出口下降30.7%，对北美洲下降17.3%。据银川海关统计，2017年1—4月，宁夏外贸进出口比上年同期增长1.2倍，其中，出口增长1.4倍，进口增长74.9%。

5. 投资贸易低迷，市场需求不足

2015年、2016年宁夏部分资源类产品出口量价齐跌。外向型产业链不完善，结构单一，附加值较低，生态纺织、装备制造、信息技术等产业尚未形成出口优势。劳动力、物流等要素成本上涨，中小企业融资难，贸易便利化程度低，企业运营成本居高不下，接单出口能力下降。

6. 对阿拉伯国家合作难度较大

中阿博览会部分项目跟踪落实难，签订的个别框架协议条款不具体，落实困难，与境外国家签订的合作项目跟踪对接协调难。

7. 对外贸易运输通道不畅通，运输优势不足

对外贸易物流非常重要。2008年6月，宁夏内陆第一个“出海口”惠农陆路口岸通关，结束了宁夏没有内陆出海口的历史。2011年8月，宁夏银川国际空港物流中心投入运营，结束了宁夏没有空港物流园的历史。但是，惠农陆港、银川陆港通关后的情况都不是很理想，货源分散，货运量小。其中，对外贸易货源品种少、总量小；对内贸易货源总量较大，但是比较分散，不能发挥规模效应。

截至目前，宁夏对外贸易物流方向依然为海运（见表3）。而且外贸海运货物总值60%以上经天津港进出口，形成这种局面的主要原因首先是成本因素。在对外贸易中，距离每增加1%，贸易额就会减少0.657%。海陆空三大物流工具中，海运物流的成本最低。2008年以来，天津港先后与宁夏合作，在银川和惠农建成了两处无水港，并在银川设立了天津港集团在西部省区的第一家区域营销中心，西部地区出港业务的集散地。天津港对于经天津港内陆班列、无水港运输的集装箱，减收换装费、堆存费等港口费；对于煤炭、焦炭、钢材等大宗货类，根据运量规模大小给予适度优

惠，降低内陆客户物流成本。同时，石嘴山市政府与天津港集团有限公司依托惠农陆路口岸，将口岸核心区建设成为集仓储、运输、分拨、配送、信息服务及其他高端服务于一体的物流园区。其次是时间成本。新亚欧大陆桥形成世界上最短的被称为“超级地理现象”的最新通道，比原亚欧大陆桥缩短 500 公里，亚欧贸易通过此通道比远洋运费节省 20%，时间节省 40%。但由于途经国家较多，原来打算通过距离优势节约的时间成本被繁杂的手续所抵消，导致成本增加。而天津港集团的银川区域营销中心将海运和物流业务有效整合，宁夏客户不出家门只需一两个工作日即可办完全部手续，货物到天津港可直接出海，大大提高了货物通关效率。

表 3　宁夏对外贸易物流主要方向

	对外贸易通关口	占对外贸易总物流量	趋势
海上通道	天津港	60%	稳定
	上海港	10%	稳定
	青岛港	10%	稳定
	北京	9%	稳定

注：目前经铁路和航空的物流所占的比重很小，而且物流路线尚不固定，无法统计。
数据来源：宁夏回族自治区商务厅。

（二）宁夏利用外资现状及特征

宁夏区域经济增长主要依靠区内市场，区内需求诱发依存度较高，属于内需拉动型增长模式中的投资驱动型增长类型。外省区投资对于宁夏经济增长的贡献较大。

2015 年，实际使用外资（不含境外借款）1.86 亿美元，比上年增长 1.0 倍。全区新批准外商直接投资项目 37 个，合同外资金额 13.59 亿美元，增长 1.6 倍。其中，制造业签订利用外商直接投资项目 14 个，合同额 9.35 亿美元。年末，全区注册登记外商投资法人企业累计达到 209 家。其中，中外合资企业占 47.8%。

2016年第一季度，全区共实施招商引资合同项目392个，当年计划投资654.2亿元，实际到位资金188.8亿元，完成目标任务2000亿元的9.4%，与上年同期相比增长36.4%。全区新设外资企业8家，增资项目3个，投资总额43亿美元（含增资项目），合同外资额2.4亿美元，同比增长120%，实际利用外资额2.2亿美元，同比增长69.2%；其中服务业利用外资额1.37亿美元，占同期实际利用外资额的62%，外资结构持续优化，外资投向计算机应用、信息咨询等服务业领域项目逐渐增多。随着亚马逊宁云公司、天元锰业、华夏特钢、嘉泽新能源等一批外资并购项目资金陆续到位，实际利用外资额增长幅度较大。2017年1—4月，全区新设外资企业9家，实际利用外资3998.53万美元，增幅显著。

1. 投资来源

我们将主要的投资来源划分为四个地区：环渤海经济圈、长三角经济圈、珠三角经济圈以及蒙陕甘毗邻地区。其中，环渤海经济圈来宁投资势头最为强劲，无论是实施项目还是到位资金，都占首位。其次为蒙陕甘毗邻地区和长三角经济圈，珠三角经济圈对宁投资较少。

2. 投资额度

宁夏招商引资前十位的重点合作对象依次为北京（含央企）、内蒙古、山东、陕西、浙江、上海、江苏、福建、甘肃、四川。排名其后的是河北、广东、辽宁三省，以上各省区对宁投资到位资金均超过了100亿元。

3. 投资产业分布

近年来，能源、新材料产业投资增长较快，特色农业、农副产品加工、轻工制造、生物制造、生物制药、基础设施、旅游服务等产业投资稳定，采矿业投资有所下降。

4. 重点项目建设

2016年，总投资10亿元以上的项目110个，山东华润风力发电、中民投新能源光伏扶贫、宝丰焦炭气化综合利用、如意涡流纺精梳纱线和氯纶纤维等大项目陆续开工建设。

二、宁夏外向型产业体系存在的问题

（一）产业层次较低，外向型产业竞争力不强

虽然宁夏的出口产品结构不断优化，从初级产品为主转变到以工业制品为主，但同发达地区比较起来，出口产品结构层次优化度较差，产品结构仍然处于低层次，工业制成品大部分属于附加值低、加工程度低、技术含量低的劳动密集型产品和粗加工产品，资本和技术密集型产品相对较少。由于宁夏接纳东部产业转移的数量不多，接纳的也多为高耗能产业，对产业的消化、吸收和创新的能力不强，造成宁夏产业梯度转变的推动力不足，产业转型升级进展缓慢，优势产业增长链和用以带动关联效应大、增值高的支柱性产业缺乏，以至于宁夏出口产品结构层次没有质的飞跃。

（二）出口市场结构多元化程度较低

目前，宁夏对外开放指数较低，出口总量少，出口商品主要以高耗能高污染产品为主，而且不均衡。宁夏外贸出口市场主要集中在欧洲、北美洲和以日韩为代表的亚洲市场，这类市场有着较高的进入标准，是绿色壁垒及反倾销最为集中的地区，这种局面极大地削弱了宁夏对外贸易的灵活性和竞争力；另外，宁夏对多个新兴市场出口呈快速增长之势。主要面向沙特阿拉伯、土耳其、埃及、阿联酋、科威特、约旦、伊朗、巴林等中东国家出口。出口的产品主要有抗生素、红霉素、饲料添加剂、双氰胺、塑料制品、羊绒衫、蜂蜜、蔬菜等商品。贸易量虽呈快速增长之势，但是贸易结构不合理，服务贸易发展缓慢，合理的市场布局和国际营销网络尚未形成。

（三）对外经济结构有待完善提高

出口产品结构单一，出口商品高能耗、高污染、低附加值是制约宁夏对外贸易发展的一个重要因素。

三、打造宁夏外向型产业体系政策建议

开放宏观经济学认为，外向型经济的提升与本土产业结构的优化和升级等方面有着密不可分的内在联系。宁夏作为内陆省份和经济欠发达地区，是一个以国内市场导向为主的地区，缺乏外向型产业体系。2012 年 9 月，国务院下发的《国务院关于宁夏内陆开放型经济试验区规划的批复》，同意在宁夏回族自治区设立内陆开放型经济试验区。作为全国第一个内陆开放型经济试验区，如何提升内陆开放水平，是宁夏 2016 年乃至整个“十三五”时期重要的战略问题之一。

（一）构建外向型产业体系

打造外向型产业体系，是建设内陆开放型经济的前提和基础。宁夏是一个以国内市场导向为主的地区，缺乏外向型产业体系。要树立区外就是外的理念，应该坚持全方位开放，既要注重对外开放，也要注重对国内区外的开放。发展羊绒工业、高端葡萄酒产业等特色优势产业，围绕煤炭、电力能源优势发展高载能产业，围绕本地重化工中间产品发展劳动密集型产业，加强与周边地区产业协作。按照具有较好的产业基础、较大的产业关联性、较高的产业外向度、较大的相对比较优势、较强的国际竞争力等指标，培育一批面向国内和面向国际的主导产业体系。

（二）构建外向型经济发展载体和平台

充分利用银川综合保税区把宁夏打造成国家向西开放的“桥头堡”、国家重要的能源化工基地和承接产业转移示范区的契机，构建宁夏新的外向型经济发展载体和平台。

（三）建立特色外贸产业园区和外贸服务基地

近年来，商务部已在全国认定了 200 多家外贸转型升级基地。这些基地其上下游产业相对集聚，形成规模，并且有公共的检测、设计研发、培训、商品推介、电子商务平台等。宁夏应立足自身产业结构特色与对外经

济发展需要，围绕优势产业与优势产品，积极实施特色外贸产业园区和外贸服务基地建设，带动技术、品牌、质量和服务的提高，提高对外经济体系运行规模、效率和质量。

（四）大力调整外向型产品结构，培育产业竞争力

产品具有比较优势是参与国际竞争的前提。在宁夏现有的产业基础上，进一步整合资源，提高品牌效应，以高质量和新技术获取高附加值。宁夏需要采取战略性贸易政策，积极挖掘培育新产业，根据市场需求开拓新产业，生产新产品，如具有高端、健康概念的产品。此外，重视农业技术服务、工程承包、能源合作、防沙治沙国际间的技术服务贸易的往来。

（五）注重实施产业链招商，推动产业经济集群发展

全区各工业园区要结合本地区产业基础和条件，制定重点招商引资方向，有选择地引入外部资金，大力引进产业升级关联度高、辐射力大、带动性强的龙头型、基地型投资项目。形成资源整合、分工专业、配套协作的良性驱动机制，努力推动产业集群度。

（六）建立国际协调机制

丝绸之路经济带建设以亚欧大陆桥为主，向西开放。政府必须尽快改进协调机制，形成上达国家层面，下达企业具体层面，内外结合，对内对外协调的机制。通过谈判来尽快协调解决一些成员国的大陆桥运输问题。同时货运代理协会也要成立企业委员会，帮助企业解决问题。

（七）完善物流体系，缩短经济距离

加快航空、铁路、高速公路建设，构建立体化、网络化的大交通体系，打造内联全国、外通中西亚的交通枢纽和物流大通道，为实现货运物流的空铁联运、公铁联运、水陆联运和多式联运打下基础。尽快改善与周边地区互联互通的条件，融入国际大通道，同时完善物流体系及园区功能，缩短经济距离。积极争取国家尽早批准国际贸易“单一窗口”管理模式试点资格，探索“一次申报、一次查验、一次放行”的便利化通关模

式。充分利用国家转移支付资金和自治区配套资金，加快建设中阿国际贸易结算中心、区域性国际航空物流中心，开展跨境电子商务试点；继续做好与天津港合作建设的物流项目和产业园项目，充分发挥中卫市铁路编组枢纽优势发展现代物流业，依托大数据中心发展“云计算”服务，把宁夏建设成为国内重要的电子商务出口基地和云计算服务输出地。

宁夏培育出口新优势研究

李　霞

2013年以来，面对全球经济增长乏力、国际大宗商品价格持续下跌、投资需求放缓等多重困难和挑战，面对我国经济发展进入新常态等一系列深刻变化，宁夏回族自治区党委、政府坚持稳中求进的工作总基调，迎难而上、开拓进取，先后出台了一系列促进外贸稳增长、调结构的政策措施，积极培育外贸主体，调整出口商品结构，优化出口市场布局，有效调动了企业的积极性，激发了市场活力，促进了外贸结构优化和稳定发展。

一、宁夏出口贸易的总体状况

（一）出口规模不断扩大

宁夏实现进出口总额由2011年的22.86亿美元增长到2016年的31.18亿美元，出口规模由2011年的15.99亿美元增长到2016年的23.85亿美元（见下表）。2016年，重点出口产品实现出口52.60亿元，比上年增长0.8%。其中，泰乐菌素出口7.73亿元，增长16.1%；羊绒纱线出口7.09亿元，增长16.8%；双氰胺出口4.93亿元，增长8.4%；轮胎出口2.37亿元，

作者简介：李霞，宁夏社会科学院农村经济研究所副所长，研究员。主要研究方向为生态经济、区域重大现实问题等。

增长75.5%；铁合金出口1.32亿元，增长24.8%。

2011—2016年宁夏出口总额一览表

指标 \ 年份	2011年	2012年	2013年	2014年	2015年	2016年
进出口总额（亿美元）	22.86	22.17	32.18	54.36	37.91	31.18
增速（%）	16.59	–3.02	45.17	69.92	–30.3	–6.4
出口总额（亿美元）	15.99	16.41	25.52	43.02	29.76	23.85
增速（%）	36.67	2.61	55.53	68.56	–30.8	–9.7

资料来源：根据2011—2015年《宁夏统计年鉴》及《2016年宁夏国民经济和社会发展统计公报》整理计算所得。

（二）出口企业不断壮大

宁夏出口企业主要由国有企业、民营企业和外资企业构成。随着国家对民营企业支持力度的不断加大，宁夏民营企业已成为对外贸易的重要力量。2016年，全区有出口实绩的306家企业中，出口额超过1亿美元的企业15家，5000万~1亿美元的企业17家，1000万~5000万美元的企业33家。涌现出中色（宁夏）东方集团、宁夏能源铝业、圣雪绒国际、嘉源绒业、启元药业、泰瑞制药、伊品生物科技、共享集团以及嘉峰化工、大荣化工、埃肯碳素（中国）有限公司、英力特化工等一批出口企业，宁夏荣昌绒业集团有限公司、宁夏中银绒业股份有限公司、宁夏嘉源绒业集团有限公司3家企业荣获第一批“中国出口质量安全示范企业”。

（三）出口商品结构逐步优化，出口品种不断扩大

近年来，宁夏坚持科技创新，提升出口商品的科技含量和附加值。出口产品已由“黑色系列”扩大到机电产品、生物医药、高新技术、精细化工、纺织服装和农产品。在国际市场上具有较强竞争力的羊绒纱线、泰乐菌素、机床及铸件和轮胎等特色优势产品出口增速良好；“两高一资”商品出口比重持续下降，铁合金、金属镁、碳化硅等商品出口比重比2010

年下降74%。截至2016年，宁夏出口商品品种达到1000多种，出口500万美元以上的商品有32种，出口超1亿美元的商品有抗生素和羊绒制品2种。

（四）出口市场逐步扩大

亚洲、欧洲和北美洲仍然是宁夏对外贸易的主要市场。其中，出口超过1亿美元的市场有12个，出口在5000万~1亿美元的市场有10个，出口在1000万~5000万美元的市场有34个。对美国、欧盟、日本、韩国、印度等国家和地区的出口量一直占全区对外贸易的50%以上。近年来，在巩固原有出口市场的同时，借助中阿博览会平台，宁夏对阿拉伯国家的出口不断加快。2012年，宁夏对阿拉伯国家进出口总额为3814万美元，2014年达到6.4亿美元，同比增长275.6%，较5年前扩大了27倍，占宁夏贸易总额的11.8%，比上年提高了6.5个百分点，超越东盟、欧盟成为宁夏第一大贸易伙伴。同时，宁夏对印尼、马来西亚、越南、巴基斯坦、巴西等新兴市场开拓步伐不断加快，出口均实现20%以上增长。

（五）培育出口品牌，提升核心竞争力

宁夏大力实施品牌战略，鼓励出口企业创造品牌、兼并和购买品牌、租用品牌和贴牌，同时鼓励具有自主知识产权和自主商标出口企业，申请商标国际注册和国际专利注册。宁夏注册的商标品牌有“工农”“圣雪绒”“QTX”“引力”“燧石”“华辉”“吉利”“长城”“飞豹”“六禾”“天马”等，商标产品包括铝锭、羊绒及制品、电极糊、枸杞、箱包、硅铁、金属镁、轮胎、双氰胺、碳化硅、活性炭、高纯银、高纯铝、泰乐菌素、四环素原料、电石等。通过培育出口品牌，提升了出口企业的核心竞争力。目前，宁夏启元药业生产的盐酸四环素、红霉素原料药分别占世界市场份额的70%、40%；宁夏有色金属集团有限公司生产的“宝山牌”钽粉、钽丝分别占世界市场份额的17%、42%。

二、宁夏培育出口新优势面临的困境

（一）国际经济持续下滑导致国外需求加速萎缩

2013年以来，世界经济增速放缓，经济复苏举步维艰，增长动力明显不足。有关国际组织预测，未来五年，全球经济增长率将保持在3.5%左右。新兴市场与发展中经济体已连续五年经济增速下滑，且下滑程度加大。2015年，巴西经济增长速度是-3.8%，俄罗斯增长速度-3.7%。

由于国际经济持续下滑，需求加速萎缩，全球贸易增速陷入持续低迷的状态。从2014年10月开始，世界出口总额出现持续扩大的负增长。至2015年5月，世界货物出口总额月度同比增长率达到-13.3%的最大萎缩幅度。但到2015年9月，月度同比增长率仍为-11.3%。2015年，出现全球贸易额负增长。

（二）扩大出口份额难度增大

一是从国际上一些出口大国的实践来看，出口份额达到10%左右，增速就会降下来。受新兴经济体增速放缓、国际市场需求疲软影响，宁夏对传统和新兴市场的出口均呈下降趋势。2016年，全区对亚洲、欧洲和非洲等传统市场出口同比下降30.3%、10.4%和42.8%。其中，银川市同比下降32.4%，石嘴山市同比下降23.1%，吴忠市同比下降47.5%。二是宁夏一些优势出口商品如医药行业要进入欧盟和美国市场，各类认证门槛较高；欧盟对宁夏双氰胺提起反倾销调查，人民币持续升值让企业利润大幅缩水，扩大出口份额难度增大。

（三）出口企业规模偏小，出口产品仍以资源型为主

一是出口企业规模偏小。截至2016年底，宁夏有出口业绩的企业仅有306家，占宁夏企业的比例较小，不到全国出口企业总数的1%，对经济拉动作用小。二是出口产品仍以资源型为主。截至2016年底，占据出口主导地位的仍然是金属镁、碳化硅、增碳剂、活性炭。这四类产品的出

口额占出口总额的40%以上，这种偏重型的工业结构造成资源消耗多，科技含量低，产业链条短，无法形成大的产业群，附加值不高，使宁夏扩大出口的内源性动力不足。

（四）中小企业融资方式和新型结算工具单一，市场研究和开拓功能薄弱

一是金融市场不发达，中小出口企业普遍融资方式单一。宁夏金融资源总量偏小，存款份额居全国倒数第二位、贷款份额居全国倒数第四位，宁夏各项人民币存、贷款余额仅占全国份额的34%、47%。金融市场不发达，直接融资能力低，宁夏只有12家上市企业。10%的企业资金周转靠民间借贷，20%的企业没有融资渠道，完全靠自有资金。二是在出口结算方式上，使用新型结算工具较少，放账赊销较多。宁夏中小出口企业应收账款缓慢，变现能力不强。只有17%的企业投保出口信用保险，34%的出口企业宁可放弃订单，也不做没把握的生意。仅有15%的企业利用远期结售汇、外汇掉期、境外NDF（无本金交割远期外汇）等金融产品规避金融风险。25%的企业未采取任何措施规避汇率风险，多数出口企业传统外贸思维与习惯模式短期内难以转变。

（五）人才短缺成为外贸经济发展的掣肘

人才是产品创新和提高产品科技含量的根本保证。目前，宁夏特别需要精通对外外贸、他国法律和专业知识的复合型人才，精通跨国经营管理的高级人才，主动开拓国际市场的人才，着力开发国际资源的人才，熟悉并灵活运用国际规则的人才，企业信息技术人才，而这些人才在宁夏的出口企业中极其匮乏。出口企业虽有意角逐国际市场，但在国际市场不知如何运用各种营销渠道、专业手段来吸引国际买家的眼球，使很多企业在出口业务上竞争力不强。

三、加快培育宁夏出口新优势的政策建议

在国际环境和国内发展条件都发生重大变化的历史背景下，保持宁夏传统出口优势、加快培育出口新优势是事关宁夏发展全局的重大问题，是促进宁夏经济持续健康发展的战略选择。

（一）大力发展服务贸易，培育一批有竞争力的服务出口产业

1. 重点支持具有民族特色和地域风情的动漫游戏等产业发展

在当前经济“新常态”的大背景下，市场需求呈现特色、绿色、高端化趋势。要重点支持具有民族特色和地域风情的广播影视、新闻出版、演艺娱乐和动漫游戏等产业，重点培育动漫游戏产业和创意设计产业，打造一批具有鲜明地域特色的重点文化产品，培育一批具有明显比较优势的骨干文化企业，促进文化产业跨越发展。

2. 加快特色旅游业发展

特色旅游业是潜力巨大的朝阳产业，也是第三产业中的龙头产业。宁夏旅游资源丰富、特色鲜明、优势独特。大漠风光沙坡头、历史沉淀西夏王陵、鬼斧神工美丽沙湖、影视宠儿西部影城、原生态风貌黄沙古渡，被称为“中国西部旅游的微缩盆景”。要立足宁夏区情，不断挖掘黄河文化、西夏文化等历史内涵，大力开展特色鲜明的国际旅游目的地建设，整合宁夏旅游客源市场、要素市场等旅游资源，推进滨河新区国家级旅游综合度假区、国家级旅游试验区建设的力度，加快宁夏旅游业的国际化步伐，扩大旅游业对宁夏经济的贡献份额。

3. 做大做强会展业

一是利用中阿博览会平台，着力培育葡萄酒、轻纺、新能源等产业的专业性展会。引进一批品牌展会，争取形成巡回展、固定展、自主培育展等相互补充的办展格局，提高展会档次和水平。二是积极培育引进会展主体，鼓励现有会展企业兴建、组建展览集团公司，吸引国内外知名会展公

司落户宁夏。依托宁夏国际会议中心与银川国际会展中心两个场馆，整合会议、展览、旅游等公司，成立宁夏会展龙头公司，发展会展策划、展览搭建、组织、接待、旅游等会展辐射产业。加大地方特色动漫设计、回族服装设计、特色旅游纪念品工艺品。三要积极参加境外展会。将开拓丝绸之路经济带沿线国家和其他新兴市场作为重点，编制《宁夏年度境外参展计划》，充分利用商务部重点支持的丝绸之路经济带沿线国家品牌贸易中心，推动宁夏特色优势产品到境外举办商品展示和贸易对接活动。

4. 积极发展软件和信息服务、电子制造、物联网、云计算、大数据等产业

建议在加快中卫西部云基地和银川大数据中心建设的同时，推动建设“宁夏国际电信出口局”，打造国际网络通道和区域信息汇集中心；支持跨境电商在丝路沿线国家建设“中阿国际航空邮包和快件分拨转运中心”，建成邮件快递集散枢纽；支持跨境电商平台开展跨境电商零售进出口业务。

（二）打造重点出口产业集聚区

1. 加快银川综合保税区发展

依托宁夏及周边地区的资源禀赋、产业基础和特色产业，银川综合保税区要重点发展能够提升区域特色产业价值链的保税加工、保税物流、转口贸易、进口展示销售等业务。建议银川综合保税区复制推广上海自贸区海关监管创新制度，争取国家批准银川综合保税区实行更加灵活的保税政策和保税监管模式。

2. 推动开发区转型升级

一是围绕建设“绿色集约发展示范区”，以提升产业国际竞争力为目标，以实施“互联网+”为主线，紧紧围绕新型煤化工、陆港物流、装备制造、新能源、新材料、生态纺织、生物制药、电子信息等领域，积极利用现代网络手段开展网上招商，鼓励有条件的国家级经济技术开发区申报

出口加工区、保税仓库、保税物流中心等海关特殊监管区，鼓励加工贸易企业向特殊监管区域集中，推动产业、企业、产品、技术高新化发展，扩大重点领域、重点区域产业集群，延伸价值链、产业链和技术链，促进先进制造业向智能化、服务化、绿色化、国际化发展，不断增强制造业竞争力。

二是突出发展重点产业。银川国家级经济技术开发区重点发展高端装备制造、新材料和生产性服务业，对单晶硅、蓝宝石、电子级晶体等新材料产业链项目和高技术服务业（iBi）给予大工业用电支持。石嘴山国家级经济技术开发区联动发展装备制造业、新材料、新能源、现代物流业，重点引导电石化工、新型煤化工产业发展循环经济；支持石嘴山陆港经济区物流信息港建设，改造提升现有口岸基础设施，完善配套服务设施，打造功能完善的陆港口岸。着力在新能源、新材料、装备制造、生物医药、电子信息、电石化工等领域，努力打造现代化产业集群。

三是加强质量和标准体系建设。推广先进质量管理技术和方法，不断提升开发区产品、服务质量。大力推进质量认证、产品鉴定、检验检测等认证认可体系建设，鼓励企业采用国际标准或国外先进标准组织生产，支持行业龙头企业参与国际标准、国家标准、行业标准的制订修订，提升优势产业核心竞争力。

四是实施品牌创建工程。大力培育开发区知名企业、知名产品、知名品牌、知名企业家。引导企业制定品牌管理体系，支持企业提升产品、服务的品牌形象和市场档次，培育更多自主品牌。支持自主创新品牌企业“走出去”，开展商标国际注册，收购国际品牌，促进品牌国际化。聚焦先进制造业、生产性服务业重点领域，打造一批具有国际知名度和影响力的产业集群区域品牌。

3. 加快食品、农畜产品出口产业的发展

一是在成功创建中宁出口枸杞质量安全示范区、供港蔬菜质量安全示范区2个国家级出口食品农产品质量安全示范区的基础上，加快农产品出口布局区域化、种养科学化、生产基地化、加工规模化、产品标准化、经营组织化进程，推广“龙头企业 + 备案基地”标准化农产品出口经营模式，建立农产品质量可追溯体系，延伸产业链，建立健全食品安全与关键控制体系，做大做强宁夏葡萄酒产业。

二是加快枸杞产业发展。应重点开发枸杞酿酒、枸杞饮料、制药和食品保健等领域，实行标准化、规模化生产，重点扶持香山酒业、恒生西夏王酒业和宁夏早康枸杞开发有限公司等一批能联动千家万户、带动枸杞产业发展的加工、营销方面的龙头企业，充分利用宁夏枸杞品牌、中宁枸杞商标及“宁夏红”“杞浓”和“早康”等有影响力的企业名牌产品，建立国内外营销网络，拓宽流通渠道，全方位打造宁夏枸杞这一特色品牌。

三是加快葡萄酒产业发展。宁夏贺兰山东麓是业界公认的最适宜种植优质酿酒葡萄的黄金地带，是生产高端葡萄酒的绝佳产区。葡萄酒产业是宁夏农业优势特色产业之一。以打造世界优质葡萄酒产区为目标，以市场为导向，坚持“小酒庄、大产区”发展模式，加快葡萄基地建设，培育壮大龙头企业，不断推进区域化布局、规模化种植、标准化生产和产业化经营，建立产区酿酒师注册登记制度。突出4个试验示范区和沿山路两侧葡萄长廊建设，加强质量、卫生、商标的监管力度，完善葡萄产业园区管理机制。

（三）积极实施“走出去”战略

企业“走出去”开展国际化经营，能够改变出口产品的结构和方式。有条件的企业“走出去”，可以充分利用两个市场、两种资源，在“一带一路”沿线国家建设境外生产基地，设立研发机构，拓展营销网络，积极开展境外加工贸易和资源开发，进一步拓宽经济发展空间，适应经济全球化的趋势。

1. 鼓励有条件的企业“走出去”

资源开发、工程承包、文化交流、农业开发等是宁夏主要开拓北非市场的目标。要充分发挥宁夏农业和能源资源方面的比较优势，出台鼓励企业“走出去”的财政、税收、金融支持政策和服务促进措施，推动银川经济技术开发区、宁夏农垦集团、电力投资集团、建工集团、建材集团、宝塔石化集团、煤田地质局等企业和单位率先“走出去”，在哈萨克斯坦、沙特阿拉伯、巴基斯坦、毛里塔尼亚等丝绸之路经济带沿线国家投资设立境外产业合作园区和经贸合作区，带动宁夏发电与输变电、冶金、建材化工、农用机械、农牧业等优势产业走出去。

2. 鼓励企业建立境外营销网络

强化政策引导和信息指导，加大外经贸发展专项资金支持力度，鼓励企业在境外设立宁夏产品展销中心、展示中心、分销中心、专业市场、品牌专卖店（专柜）、特许加盟店等销售网点和仓储物流周转设施，带动宁夏产品出口，提高出口产品的质量、档次和附加值，走优质优价之路。

（四）大力实施进口促进战略

先进技术、先进设备和关键零部件进口的稳定增长，对宁夏经济转型升级发挥了积极作用。一是要制定《宁夏回族自治区鼓励进口技术和产品目录》，并给予贴息支持，扩大先进设备、关键零部件、技术、资源性产品进口，加快生产设备的更新换代。二是进一步整合和规范进出口环节经营性服务和收费，切实减轻企业负担。三是探索建立清真牛羊肉交易所。加快清真牛羊肉进口口岸建设，完善关检一体化设施，指导企业申请进口肉类收货人备案资质，扩大清真牛羊肉进口。四是扩大能源进口，争取国家赋予宁夏民营能源企业原油非国营贸易进口资质及进口允许量。五是积极申请药品、粮食、水产品和汽车整车进出口口岸。

（五）加快提升出口产品技术含量

一是着力构建以企业为主体、市场为导向、产学研贸相结合的技术创新体系。加大科技创新投入，支持企业原始创新。鼓励企业以进口、境外并购、国际招标等方式引进先进技术，促进消化吸收再创新。二是提高工程（技术）中心、重点实验室、技术创新平台能力，加快开发新技术、新工艺、新材料、新装备和新产品，提高产品的附加值。三是中小外贸出口企业要走与大企业协作配套发展的路子。由于中小出口企业资金不足，设备不全，原料短缺，技术力量薄弱，中小出口企业与大企业尤其是外资企业要通过联合协作，融资租赁大额设备和技术，从而获得大企业的帮助。

（六）加大金融支持力度

一是鼓励宁夏外贸企业开展人民币结算，简化跨境贸易和投资人民币结算业务流程，推动人民币跨境投融资业务发展。二是加大外汇避险产品宣传和营销力度，推广远期结售汇、外汇期权、本外币掉期等外汇避险产品，支持企业防范和化解汇率风险。三是提高宁夏商务投资开发有限公司对外经贸企业开展融资担保和再担保服务能力。积极开展出口信用保险保单融资，进一步增加参与银行数量，扩大保单融资规模。

（七）推进宁夏电子口岸建设

1. 推动形成国际贸易“单一窗口”基本框架

加快国际贸易“单一窗口”试点，推进海关、检验检疫和商务部门之间的执法互助、监管互认、信息互换，形成国际贸易“单一窗口”基本框架，将国际贸易“单一窗口”平台服务部门扩大到与国际贸易相关的政府部门，实现与银川综合保税区、银川河东国际机场、中国贸促会宁夏分会、人民银行银川中心支行、国家外汇管理局宁夏分局等部门涉外管理和服务对接，实现许可证件、外汇服务和物流管理等业务的“一站式”办理。实现所有口岸监管部门和服务单位涉外审批事权的全覆盖，将宁夏国际贸易“单一窗口”公共平台建设成为设施完善、功能健全、运转有序的统一的涉外监管和服务平台。

2. 推进大通关协作

推进宁夏口岸监管部门与丝绸之路经济带9省（区）海关、检验检疫区域一体化建设，逐步扩展实现与沿海、沿边、沿江口岸管理部门信息互换、监管互认、执法互助，全面推广直通放行等快速通关模式。支持口岸与船代、货代、国内外大型物流公司合作，提高口岸运转效率。通过企业代建等形式，加快口岸软硬件基础设施建设效率，提升口岸服务能力。

（八）提高公共服务能力

一是加大政策解读和法律宣传力度，建议开通“直通政府”网页，加大对丝绸之路经济带沿线国家和欧、美、日等重点市场相关法律、准入政策、技术法规等信息的收集和发布。二是支持企业应对贸易摩擦，进一步完善政府、商会、外贸企业应诉联动机制，完善贸易摩擦预警监测和信息服务平台建设，对企业实施贸易救济措施发生的诉讼费、律师费和审计费等相关费用给予补助。三是充分发挥宁夏进出口商会作用，加强与国内外同行业协会的交流合作，推动其在行业信息交流、行业标准体系建设、组织企业参加国内外展会、推进行业自律等方面发挥更大作用。

宁夏临空经济发展战略研究

许生根

临空经济是21世纪交通方式变革引起的新经济形式，是扩大对外开放、促使产业转型升级的有效途径。习总书记在听取对“十三五”规划时期经济社会发展的意见和建议时强调，经济社会发展要努力在保持经济增长、转变经济发展方式、调整优化产业结构等方面取得明显突破。预计“十三五”期间，我国临空经济将处于快速发展时期，全国各地将积极推动临空经济区建设。发展临空经济可以形成以航空产业、航空物流、高端制造、现代服务、康体娱乐等产业向机场聚集的航空经济形态，依托机场优势发展临空经济，成为推动我国转变经济发展方式和保持经济增长的重要引擎。

截至2017年，全国共成立7个国家级临空经济示范区，初步构建起我国临空经济的基本格局。由于临空经济发展阶段的不同，临空经济区内聚集的产业就不同。另外，不同的临空经济区处于各机场的不同位置，其空间结构有所不同，国内的临空产业大致可以分三种情况：一是发展较为完善的临空经济区以北京首都临空经济区为典型，已经布局了索爱、村田

作者简介：许生根，宁夏社会科学院宁夏历史研究院副院长，副研究员。主要研究方向为民族学、西夏学和民族文献研究。

电子有限公司等临空指向性很强的企业，临空产业蓬勃发展；二是临空产业与传统产业并存的临空经济区，以青岛临空经济区较为典型，既有像水泥一类的传统产业，也有一些生物制药类企业；三是传统产业为主导的临空经济区，以呼和浩特市为代表，规划的“航空城”范围内以传统产业为主导。

一、宁夏发展临空经济的机遇和挑战

近年来，银川河东国际机场发展迅猛，中转辐射功能不断完善，有望发展成为区域支线航空枢纽。2017 年 5 月，银川河东国际机场共完成运输起降 23119 万架次、旅客吞吐量达 275.86 万人次，其业务总量增长位居西北地区第一位、国内前十，在“十三五”期间，将覆盖周围 800 公里范围、26 个支线机场。2015 年，自治区政府研究审议《银川国际航空港综合交通枢纽规划方案（送审稿）》，提出融合好航空、高铁、城际铁路、公交等多种交通方式，规划好银川河东国际机场综合交通枢纽，支撑宁夏经济结构调整和产业转型升级。宁夏将在建设银川河东国际机场的基础上，分交通枢纽中心区、空港商务区、航空港经济区三个圈层梯度开发，将形成以航空为主，集高铁、城际铁路、城市公共交通等多种方式于一体的现代化综合交通枢纽，通过航空港经济区统筹推进机场航空配套区、银川综合保税区、国际航空物流中心等功能分区建设。随着河东国际机场航空运输量的快速增长和银川国际航空港建设的发展，银川临空经济的发展已进入起步阶段。

处于机场核心地带的银川地区，受机场航空运输业发展的影响最直接，发展空间广阔，是最适宜发展临空产业的核心区域，大力发展临空经济将成为银川产业实现重大发展的重要契机。银川河东国际机场周边建设了银川综合保税区、滨河新区、飞机制造与维修基地等临空指向性较强的产业，已初步呈现了临空区域经济特点。“十三五”期间，宁夏临空经济区建设将刻不容缓，临空产业对区域经济发展的拉动作用将逐步显现。银川是新亚欧大陆桥沿线的重要商贸城市，位于“呼—包—银—兰—青经济带”的中心地段，也是宁蒙陕甘周边约500公里范围内的区域性中心城市，区位优势明显。银川交通便捷，现已形成了公路、铁路、航空为主的立体交通网。4条国道、4条省道从境内穿越；银川至青岛、丹东至拉萨高速公路在银川会聚贯通，机场高速、环城高速公路建成使用；包兰铁路纵贯银川南北，成为银川经济发展的大动脉；正在建设的银太铁路，将使银川与东部沿海的联系更加便捷；银川河东国际机场目前已开通了40多条航线，银川空港口岸投入使用，拉近了银川与全国乃至世界各地的距离。

党的十八届五中全会报告提出要“培育发展新动力，优化劳动力、资本、土地、技术、管理等要素配置”，对宁夏发展临空经济有重要的指导作用。在国家“一带一路”倡议的背景下，宁夏临空经济迎来发展新机遇。借助“一带一路”建设和中阿博览会，在政策互动、货币互通、道路互通等措施推动下，宁夏的跨境贸易环境将进一步优化，将为临空经济区创造更为广阔的新市场。临空经济区将成为“一带一路”沿线地区对外联通的桥头堡，成为向西开放的门户。

目前银川河东国际机场的功能与区域经济的结合不够紧密，航空服务业等与航空运输相关的航空枢纽指向的产业集群效应相对较弱，对区域经济的贡献相对较弱，宁夏发展临空经济面临诸多挑战。

（一）机场的功能与区域经济的结合相对较弱，机场对区域经济发展的带动作用受到一定限制

临空经济可以极大地促进区域经济发展和国际竞争力提升。一个国家和地区的临空经济发展受到两方面的相互影响：一方面，临空经济区的形成和发展以机场的规模和集成运输能力为前提；另一方面，临空经济的发展也需要所依托城市和区域的经济、社会等条件的支持。宁夏的临空经济发展属于起步阶段，机场的功能与区域经济的结合相对较弱，临空产业主

要为与机场服务有关的航空服务业和加工制造业，与航空运输相关的所谓航空枢纽指向的产业集群效应以及对区域经济的贡献相对较弱。

（二）相应产业的航空枢纽指向性明显不强

宁夏机场航空网络覆盖面有待进一步扩大，机场集成空运能力有待进一步增强，临空经济区内的航空运输业高附加值制造业、现代物流业、现代服务业以及高新技术产业等的发展速度不够，造成相应产业的航空枢纽指向性明显不强。航空运输指向性产业作为临空经济区的基础和核心产业，具备作为推动型产业的基本特征，产品需求收入弹性系数高、产业带动性强、技术创新空间足。宁夏机场的航空运输指向性产业处于起步阶段，无法产生强大的产业关联效应，吸纳腹地劳动、资本、技术等生产要素能力有限，技术、知识、信息方面向外围扩散效果需要加强。

（三）需要加快基础设施建设

临空经济是航空枢纽巨大影响力的产物，临空经济区实体空间一般形成于远郊，平均距离城市一小时车程，久而久之，机场周围就变成了一个经济空白区域。发展临空经济需要将基础设施逐渐发展与完善，突出表现在交通、通信等方面，机场区域的经济与腹地经济建立起有效的沟通与交流，并紧紧地联系在一起。临空经济还需要担任起宁夏区域与区域之间的桥梁，使得与之相邻的几个区域之间的联系日益密切，无论是交通还是信息网络，都得到了较大程度上的发展。

二、银川临空产业发展目标及发展模式研究

银川滨河新区及银川河东国际机场周边区域可依托航空枢纽区位优势，围绕“打造临空经济区，建设通航产业园”的发展目标，充分发挥临空经济对区域经济发展的带动效应，临空经济与滨河新区的区域产业发展的相互作用，成为宁夏产业链上的重要价值节点，通过不断提升临空型现代服务业规模和功能，完善通航产业园的产业功能，临空经济发展与城市

产业深度融合发展，在“十三五”期间，临空型现代服务业规模和功能将不断提升，通航产业园的产业功能更加完善，临空经济发展与城市产业深度融合发展，将构建起银川现代产业体系的核心区和宁夏经济发展的新增长极。

建设银川通航产业园，确定主体产业发展，根据自身情况选择相符合的配套产业和辐射产业采用集中产业相结合的发展形式。根据临空经济区的功能分区和空间布局，临空产业的类型可划分为主体产业、配套产业和辐射产业。主体产业主要围绕机场运营与航空运输优势相关联的产业，包括空港物流、航空制造机飞机维修、自由贸易区、航空服务、后勤服务等。配套产业主要为主导产业连带产生的一系列相关产业，如，制造业、研发、居住、观光休闲等。辐射产业包括由机场所产生的发展环境而带动和提升起来的产业，如，高新技术产业、旅游服务业等。

经过调研，我们提出了银川临空经济区实施双圈双核模式，即以机场中心圈、商业服务圈组成双圈，以机场核心区和滨河核心区组成的双核心区。机场中心圈指机场周围 5 公里范围左右的区域为空港区，以机场为主，包括机场设施建设和机场航空，该区域直接为机场服务，与机场联系较为紧密，包括机场基础设施及与营运相关的产业。位于机场中心圈的产业类型主要有航空运输产业、航空服务产业、航空支持性产业、航空物流产业等 4 种产业，滨河新区为机场中心圈提供产业配套发展。

商业服务圈指紧邻空港区的扩展区域，包括机场周边 5 ~ 10 公里范围及临近区域。这个区域主要适合进行空港商业活动，满足临空经济区正常的运作，聚集了航空相关产业和现代服务业以及科技制造公司、研发机构、跨国公司、总部经济等产业部门。滨河新区作为商业服务圈的核心，利用机场核心圈辐射优势快速发展。

三、打造银川通航产业园、西部航空制造基地和通用航空运营中心

根据宁夏自身特点和河东国际机场现有发展状态，结合宁夏未来政策导向和各种经济规划，临空产业重点发展银川通航产业园、西部航空制造基地和通用航空运营中心。

（一）打造银川通航产业园

银川临空经济产业根据自身情况，选择相符合的配套产业和辐射产业，确定主体产业发展，打造银川通航产业园。银川通航产业园规划总面积 11500 亩，机场建设用地 1000 亩，项目计划总投资 200 亿元，其中机场投资 1.5 亿元。产业园里的通用航空机场是全国第一个依黄河而建的通航机场，其周边的旅游资源之丰富、旅游区域之广阔在全国独一无二。

银川通航产业园将以创建国内一流、国际知名的通用航空产业示范区为目标，打造 “航空器研发制造与维修基地、航空主题社区、通用航空运营中心、通用航空物流中心、通用航空服务中心”，与滨河新区、综合保税区形成“三位一体”的发展格局，促进通用航空全产业链发展。产业园未来将重点发展飞机制造组装、航空运动及飞行体验、公务航空、航空物流、飞行培训、通勤航空、私人飞行、应急救援等，建设西北一流的通用航空产业示范园。建设西北地区通用航空制造和营运服务枢纽中心，进行通航飞机的交付、复装、加改装、通航运营、维修、培训、备件保障、信息化系统等业务布局，并视市场发展情况，逐步向研发等通航产业链纵深发展。

（二）打造西部航空制造基地

1. 通用航空器制造、组装

（1）制造和组装。积极促成北汽通用飞机制造项目、席勒飞机制造项目落地，加速引进其他国内外知名通用航空公司的通用飞机制造项目，带

动飞机整机制造项目、相关零配件制造项目入驻，打造国内一流通用航空器研发制造基地和国际知名的通用航空器与零部件出口加工贸易平台。引入无人机、轻型通用航空器制造、试验机等研发制造项目，重点选择安全、经济、舒适等国内外轻型飞机和无人机等生产制造。

(2) 维修及售后。依托河东国际机场和通用航空产业园机场，开展面向私人飞机、公务机、直升机、无人机的维修服务。引进或筹建飞行维修企业，形成保养、维修、运行为一体的成套服务体系。创建 MRO 相关配件与生产的销售渠道，发展通用航空器的运营市场服务。

2. 应急救援和飞行培训

发展应急救援业务，在医院、广场、人群集中商业中心布局航空起降点，形成银川空中应急救援网络，为银川及周边地区提供应急救援、医疗救护、反恐防暴、消防灭火、巡逻监控等服务。

加强与宁夏其他飞行培训学校的联系与合作，形成银川月牙湖机场、中卫香山机场、固原六盘山机场等飞行培训网，打造中西部航空人才培养服务基地。加强与“全国航空特色学校”“航空科普教育定点单位”等单位的联系与合作，利用北航等理论培训优势，合作开展青少年航空专业、飞行员培训业务，构建通用航空人才本土化培养体系。开展青少年航模制作与模拟飞行等业务，购置飞行模拟设备，设置航空知识与飞行器制作，模拟飞行相关课程，在园区设立机场体验基地。

(三) 发展临空经济配套产业，打造通用航空运营中心

1. 固定运营基地（FBO）

该基地是发展机场航班飞行之外的小飞机业务，特别为公务机和私人飞机提供加油、维修等综合服务的通用航空服务企业，包括外场服务（航空器加油、航空器日常服务）、维修服务、航材销售、飞行保障服务，建设固定运营基地。

2.飞行服务站（FSS）

积极向国家空管委申请银川飞行服务站，融入全国飞行服务站布局网络。提供飞行计划、飞行情报、气象服务、报警和搜寻援救的服务。在飞行前、飞行中以及飞行后的三个阶段提供服务。通用航空企业要申请飞行，通过飞行服务站与空军、民航局、空管局协调，从而创造安全有序的飞行环境。

服务站的建立可以覆盖宁夏及周边广大地区，为飞行对象提供气象服务、飞行情报服务、飞行计划的报备等，促进银川同行产业等快速发展。

3. 维修站（MRO）

依托河东国际机场和通用航空产业园机场，开展面向私人飞机、公务机、直升机、无人机的维修服务。以政府为先导，建立通用航空产业支持基金，建立航空器材维修企业，形成保养、维修、运行为一体的成套服务体系。创建 MRO 相关配件与生产的销售渠道，为通用航空器的运营市场服务，打造中国西部制造、销售、维修基地，促进航空器、航材等进出口业务，打造中国西部航空器交付中心，大力促进航空金融、航空保险、航空产品展示交易、航空商务交流、航空会展、航空文化及通用航空科普教育，构筑区域通用航空服务中心。

4. 发展航空会展商务

充分发挥区位、环境、载体优势，在空港区积极发展会展交易，积极争取全国性航空会展商务会议和省级工作会议在滨河新区召开，吸引人流、物流、资金流、信息流聚集滨河新区，努力打造影响全国的航空会议会展中心，带动相关产业的发展。围绕空港集聚区内工业设计、服务外包、软件开发、文化创意、商务中介等发展专题，广泛开展招商引资。积极发展金融、保险、信息咨询、检验检测等公共服务平台，为空港集聚区企业和商户提供完善的配套服务。

5. 航空器代管、出租飞行、通用航空包机

开展飞机的租赁、维护以及驾驶培训等项目，同时延伸出跳伞、动力伞、飞行编队的培训工作。开展跳伞等竞赛类活动，延长产业链，提高产业价值。

6. 航空运动及飞行体验

开展热气球、动力三角翼、动力伞、超轻型飞机等空中体验项目。举办相关航空运动赛事，结合中阿博览会开展和宁夏沿黄河的旅游资源，开展航空旅游休闲运动。

四、建立国际型综合保税物流中心

（一）培育航空物流市场，建设区域性物流集散中心

以机场为核心，着力引进航空服务类企业，与现有机场配合，发展枢纽转运中心，集聚发展现代物流、航空运输等产业，打造物流平台，培育物流市场，完善现代物流支撑体系，加快培植现代物流企业。依托大型集团规模优势，在空港区域组建一批专业物流公司，加快发展为制造业配套的生产性服务业。打通银川至阿拉伯国家的航空物流通道，发展银川至国内重要城市的短途和不定期通用航空物流通道，大力发展国际中转、港内驳运、内贸中转等业务，成为西部除西安咸阳国际机场外的区域性物流中心，同时成为集信息、配送、仓储、交易、多式联运“五位一体”的区域性物流中心和连接西亚和欧洲的物流集散中心。

（二）大力发展航空第三方物流

积极引进国内外大型航空物流企业、航空货运公司、物流整合商、物流地产商，鼓励物流企业在区内设立区域性总部、区域性物流分拨转运中心，重点发展仓储、运输、中转、配送、包装和物流加工等航空物流服务业务。积极支持航空公司引进全货机，满足航空货运量较大企业的物流需求。

通过完善物流基础设施，健全物流业政策体系，整合物流资源。以煤炭、化工、汽车、装备制造等物流为主，以商贸物流和农畜产品加工、特色农产品冷链物流为重点，推动工业企业物流业务外包。大力发展物流企业集团，形成煤炭化工、装备制造，以及农畜产品加工和商贸等产业的第三方物流服务网络。

培育社会化、专业化、网络化、信息化的第三方物流企业。不断提高企业一体化、专业化、综合性物流服务能力，积极引导企业对现代物流装备和信息技术的投入和推广应用。鼓励传统运输、仓储、货代等企业不断延伸服务链条、丰富服务产品，用现代物流理念和运营管理技术提高自身服务能力，加快向第三方物流企业转型。

（三）建立专业化、国际型综合保税物流中心

发挥银川综合保税区的优势，以保税物流中心为核心，建成中阿商贸的重要国际物流转换点和连接国际国内市场的物流集散中心，把宁夏保税物流中心发展成西北重要的国际物流基地。保税物流集仓储、分拣、加工、配送、退货、转口、报关、保税为一体，建立仓库、集装箱堆场、报关报检楼和符合海关监管要求的安全隔离设施，为进出口货物提供保税监管服务，为物流中心提供国际配送、中转等商业配套服务。开展国际分拨和配送业务，重点发展第三方物流业务，开展为生产制造企业和加工贸易企业深加工结转服务的保税物流业务，延伸物流供应链，为加工、制造企业提供物流、贸易等多种类型的服务。

利用口岸货物集散和物流服务基础设施的优势，在进出口贸易和转口贸易中起到支撑作用，强化保税区综合物流形态。口岸物流发挥换载、接驳货物的特点，发展运输、仓储配送、流通加工、口岸通关、增值服务等物流服务；主要开展仓储、运输、加工、包装、分拣、配送等通过机场、陆路口岸货物的基本货运口岸作业业务；开展海关、检疫查验；结转货物的停放，保证进出口贸易“物流、商流、信息流”的有效衔接。

五、宁夏发展临空经济的战略措施

（一）以创新驱动战略推进临空经济区建设，发展宁夏临空经济重点产业领域

“十三五”期间，我们要根据党的十八届五中全会提出经济发展需“激发创新创业活力，释放新需求，创造新供给，推动新技术、新产业、新业态蓬勃发展”的要求，确定宁夏创建国内一流、国际知名的通用航空产业示范区的发展目标。临空经济以临空指向产业为主导，多种产业有机关联，经济发展模式独特，需要我们以创新驱动战略推进临空经济区建设。银川临空经济产业发展根据自身情况，选择相符合的配套产业和辐射产业，确定主体产业发展。发展临空产业集群，打造西部航空制造基地是宁夏临空经济区的重点领域，通过引进其他国内外知名通用航空公司的通用飞机制造项目，发展通用航空器制造、组装产业和维修、售后服务，形成保养、维修、运行为一体的成套服务体系。培育航空物流市场，建设区域性物流集散中心是临空产业发展的主要目标之一。打造西部通用空港物流基地，发展中阿国际物流产业，对宁夏实施向西开放战略至关重要。发展临空经济配套产业也是临空经济的重要组成部分，培育通用航空运营服务，发展航空主题社区，带动银川航空会展、酒店服务及购物等产业。

（二）坚持创新、协调、绿色、开放、共享的发展理念，银川临空经济区、综合保税区、滨河新区合作协同发展

宁夏加速临空经济区建设必须坚持党的十八届五中全会提出的创新、协调、绿色、开放、共享的发展理念，坚持实施创新驱动战略，突出绿色发展，实现临空经济的产业高端化，达到机场与区域经济和谐发展的目标。宁夏第十二次党代会提出，通过创新发展解决发展动能问题，通过协调发展解决发展不平衡问题，着力推动创新驱动发展。“十三五”期间，通过发展宁夏临空经济，创建国内一流、国际知名的通用航空产业示范

区，聚集与临空主导产业、配套产业、辐射产业相关联的企业，形成现代高科技化的产业集群。充分利用通用航空产业的优势，以低成本、方便快捷等特性，吸引国内外企业来投资建厂。通过整合机场周边资源，打造以商贸关联产业为核心的服务业基地，发展以高新技术产业、现代制造业为主的加工制造业基地，与银川滨河新区、银川综合保税区形成“三位一体”的发展格局，促进通用航空产业链全面发展，将宁夏临空经济区建设成为西北地区高水准的国际化临空经济区。

建立和完善资源开发、机场建设、管理与保护的政策法规，创建优质高效的行政管理、服务和执法环境。根据《中华人民共和国民用航空法》和《中华人民共和国民用机场管理条例》等法律法规，切实做好以土地经营、特许经营方式的授权管理。理顺各相关部门关系，统一临空经济区行政管理，培养高素质的管理队伍，创造良好的发展环境。促进银川通航产业园、综合保税区、滨河新区一体化运作，避免产业重复布局，达到三区优势互补、合作共赢。建立军方、民航与地方三方的航空联席会议制度，获得国家空管委、军方、民航局等部委的支持，明确航线、空域开放范围及空域管理权限。加快建设通用航空机场，在银川及周边地区建成直升机起降点，形成市区航空网络，全面配合重点项目的落地。

（三）聚集临空指向性、高科技性的产业集群

充分利用临空产业全新的经济形态和经济模式特征，以机场为临空经济依托，聚集与临空主导产业、配套产业、辐射产业相关联的企业，形成现代高科技化的产业集群，带动银川整体的产业升级；充分利用通用航空产业的优势，以低成本、方便快捷等特性吸引有实力的公司将总部或分公司设立在滨河新区。通过整合机场周边资源，打造以商贸、会展等关联产业为核心的服务业基地，发展以高新技术产业、现代制造业为主的加工制造业基地，将宁夏临空经济区建设成为西北地区高水准的国际化临空经济区。

(四) 加强航空物流信息化建设，构建完备的电子信息网络

建立覆盖辐射区内的所有商业流通和仓储运输企业的网络平台，实现各企业、客户和有关管理机构的信息充分互联。一是充分利用机场信息系统资源，开发建设标准、安全、开放的临空物流信息平台；二是加强专业信息系统建设，完善客户关系管理系统和临空物流商情网络，建设机场 E-DI（电子数据交换），整合、完善临空区电子监控系统，建设飞机和陆路运输车辆自动识别系统，不断提高机场的信息化水平；三是构建空港物流商贸一体化系统，实现机场功能向供应链的延伸，内陆物流业务与空港物流信息的无缝对接，将机场与机场、机场与海关、机场与货主、机场与承运商连接起来，形成一个开放的有机整体；四是扩大业务合作，争取早日实现国际物流系统的网络化运作，把机场融入国际物流体系之中，实现现代空港物流质的飞跃。

宁夏实施企业“走出去”战略研究

张耀武

为更好地贯彻自治区党委、政府“以国家‘一带一路’倡议为引领，进一步打造丝绸之路经济带战略支点”的构想和部署，推进宁夏参与丝绸之路经济带建设，宁夏必须加快实施企业“走出去”战略的步伐，以破解宁夏对外交流与合作发展中的瓶颈，促进宁夏内陆开放型经济快速发展。

一、宁夏企业“走出去”对外投资合作的现状

“走出去”战略又称为国际化经营战略、海外经营战略、跨国经营战略或全球经营战略，中国提出的“走出去”战略主要是指对外直接投资和经贸合作。实施“走出去”战略是为了更好地利用国内国外两个市场和两种资源，更大程度地参与国际分工和国际市场竞争，也是国际上通行的一种做法。改革开放以后，宁夏就开展了对外直接投资和对外承包工程劳务活动，但规模一直比较小，直到2002年以后，对外投资、对外劳务合作才有了突破性发展。

作者简介：张耀武，宁夏社会科学院综合经济研究所研究员。主要研究方向为农村经济、区域经济、扶贫开发等。

（一）宁夏实施企业“走出去”战略的背景

1. 国家实施“走出去”战略

自2000年我国政府首次提出“走出去”战略以来，越来越多的企业走出去谋发展，加快了中国经济与世界经济融合的进程。据商务部统计，2003年中国对外直接投资28.6亿美元，2016年中国对外非金融类直接投资达到1701亿美元，实现了中国对外直接投资连续14年的增长，年均增幅高达36.9%，境外经贸合作区建设、基础设施建设、对外承包工程亮点纷呈，大型项目显著增加，有效地促进了中国经济转型升级和对外合作互利共赢[①]。

2. 国家提出“一带一路”倡议

2013年，中国提出建设“丝绸之路经济带”和“21世纪海上丝绸之路”（简称“一带一路”）这一连接亚太、欧洲、非洲等多个经济圈的倡议，得到了“一带一路”沿线国家的积极响应和广泛支持。据不完全统计，“一带一路”沿线国家总人口约44亿，经济总量约21万亿美元，分别约占全球的63%和29%。2014—2016年，中国同“一带一路”沿线国家贸易总额超过3万亿美元，中国对“一带一路”沿线国家投资累计超过500亿美元。中国企业已经在20多个国家建设56个经贸合作区，为有关国家创造了近11亿美元税收和18万个就业岗位[②]。其中2016年中国对“一带一路”沿线国家直接投资额145亿美元，对外承包工程业务完成营

①中华人民共和国国家统计局：《中华人民共和国2016年国民经济和社会发展统计公报》，中华人民共和国国家统计局网站，http://www.stats.gov.cn/tjsj/zxfb/201702/t20170228_1467424.html，2017年2月28日。

②习近平：《携手推进“一带一路”建设——在“一带一路”国际合作高峰论坛开幕式上的演讲》，“一带一路”国际合作高峰论坛官方网站，http://www.beltandroadforum. org/n100/2017/0514/c24-407.html，2017年5月14日。

业额760亿美元，占中国对外承包工程业务完成总额的47.7%[①]。“一带一路”倡议的实施和由中国牵头成立亚洲基础设施投资银行、建立丝路基金，是中国经济进入新常态下主动适应世界经济全球化发展、参与国际经济合作、提高国际竞争能力的重要举措，为中国企业“走出去”提供了良好的发展环境，也为宁夏加快实施企业“走出去”战略、加强与“丝绸之路经济带”沿线国家的经贸交流与合作、促进内陆开放型经济发展、全力打造“丝绸之路经济带战略支点”带来了新的发展机遇。

（二）宁夏对外投资合作的成就

1.对外直接投资大幅增加

改革开放以后，宁夏就开始了对外投资活动，但在1978—2001年，对外直接投资数量很少。从2002年开始，在国家实施“走出去”战略的大背景下，宁夏积极鼓励企业“走出去”对外投资，并取得了长足发展，非金融类对外直接投资额由2003年的12万美元增加到2013年的8626万美元，增加了717.8倍，年均增长93.04%。2014年猛增到33833万美元，比上年增长了近3倍，2016年又新增对外投资企业20家，境外直接投资总额95000万美元，对外承包工程新签合同额5085万美元，实际完成营业额2435万美元（见表1）。

表1　2006—2016年宁夏非金融类对外直接投资流量情况

年份	对外直接投资额（万美元）	比上年增长百分比(%)	占全国地方总投资额比重(%)	在全国地方对外投资的排名
2006	1818	–	0.76	21
2007	569	–68.70	0.11	26
2008	502	–11.78	0.09	25
2009	1509	200.60	0.16	27

①中华人民共和国国家统计局：《中华人民共和国2016年国民经济和社会发展统计公报》，中华人民共和国国家统计局网站，http://www.stats.gov.cn/tjsj/zxfb/201702/t20170228_1467424.html，2017年2月28日。

续表

年份	对外直接投资额（万美元）	比上年增长百分比(%)	占全国地方总投资额比重(%)	在全国地方对外投资的排名
2010	711	–52.88	0.04	27
2011	1295	82.14	0.05	28
2012	6421	395.83	0.19	28
2013	8626	34.34	0.24	27
2014	33883	292.66	0.32	23
2015	108959	332.67	0.90	17
2016*	95000	–12.81	0.56	–

数据来源：（1）商务部、国家统计局、国家外汇管理局:《2015 年度中国对外直接投资统计公报》，中国统计出版社，2016 年。

(2) 带“*”数据来源于：张瑛:《2016 年宁夏进出口总额达 216.3 亿元》,《宁夏日报》2017 年 2 月 13 日。

2.对外直接投资地域和领域日趋广泛

宁夏企业对外直接投资地域已由美国、法国、日本等传统发达国家扩展到亚洲、非洲、欧洲、北美洲和大洋洲等五大洲，全区已有 58 家企业在全球 30 个国家和地区设立了 95 家境外企业，其中在沙特、约旦、阿联酋、哈萨克斯坦、吉尔吉斯斯坦、印度尼西亚、缅甸、柬埔寨、俄罗斯等“一带一路”沿线国家设立企业达到了 20 家，投资领域涉及农、林、牧、采矿、制造、批发和零售、商务及技术服务等行业，呈多元化发展趋势。①

3.民营企业是对外投资的主体

截至 2016 年底，宁夏对外直接投资企业中民营企业占 92%以上，民营企业对外直接投资占中方合同投资金额的 92%以上，民营企业是宁夏对外直接投资的主体力量。

①《2015 年宁夏企业对外直接投资大幅增长》，宁夏回族自治区人民政府网，http://www.nx.gov.cn/zwxx/zw/bmdt/116717.htm，2015 年 12 月 25 日。

4.对外投资类型多样

宁夏企业在“走出去”的过程中，逐步形成了多种对外投资类型，为宁夏实施“走出去”战略积累了宝贵的可资借鉴经验。其中，较为典型的投资类型有：（1）以中银绒业公司为代表的投资并购型。该公司通过积极收购英国老牌邓肯纱厂、在柬埔寨投资工厂、在日美成立新公司等方式逐步发展壮大。（2）以西部皮草有限公司为代表的渠道拓展型。该公司分别在俄罗斯圣彼得堡与土耳其伊斯坦布尔成立宁夏产品境外销售中心，成为宁夏中小企业实现“走出去”目标的典型案例。（3）以宝塔石化集团为代表的跨国经营型。该公司在哈萨克斯坦、阿联酋等国际原油富集区设立国际业务公司和商务机构，成长为跨国经营型企业。（4）以“中毛畜牧业技术示范中心”为代表的政府引导型。通过宁夏商务厅与毛里塔尼亚农村发展部的深度合作，在毛里塔尼亚建成了“中毛畜牧业技术示范中心”，并促成了宁夏塞外香与毛里塔尼亚签订5万公顷水稻种植协议。（5）以中国阿曼（杜库姆）产业园项目为代表的经济特区型。中国阿曼（杜库姆）产业园项目于2016年5月23日在阿曼首都马斯喀特成功签约。该产业园位于阿曼杜库姆经济特区内，占地11.72平方公里，运营主体是由部分在中阿产业园投资企业成立的中国宁夏中阿万方投资有限公司，承担园区基础设施建设，并为入驻企业提供服务。已有9个项目即将落户产业园，投资总额32亿美元，有望通过5年的建设初具规模，逐步开发石油炼化、轻重工业、物流仓储等多种功能①。中国沙特（吉赞）产业园项目进展顺利，已组建广银国际投资发展有限公司，与沙特阿美石油公司签署在沙特组建合资公司框架协议②。

①韩晓明：《助力“一带一路”建设、扩大中阿务实合作，中国阿曼产业园项目签约揭牌》，《人民日报》2016年5月26日第3版。

②张瑛：《2016年宁夏进出口总额达216.3亿元》，《宁夏日报》2017年2月13日。

5.对外投资带动进出口贸易

"走出去"不仅为企业开拓了国际市场，还有力带动了商品、技术以及服务的进出口贸易额。例如，宁夏泰瑞制药股份有限公司利用香港子公司实现9022万元贸易额，并在33个国家注册了"泰瑞"商标；宁夏同基国际贸易有限公司刚果（金）项目从国内采购的大型设备、钢材等预计达6000万元；宁夏懿丰贸易通过收购的法国酒庄，进口葡萄酒55万瓶。①

（三）宁夏对外承包工程和劳务合作的成就

1. 对外承包业务能力显著提高

通过多年发展，宁夏对外承包工程能力显著提高，对外承包工程完成营业额各年间虽有波动，但总体呈逐年增加趋势（见表2）。20世纪80—90年代，宁夏企业主要与"国字号"大企业合作承担国家援外任务或分包大公司境外建筑工程及劳务合作项目。进入21世纪以后，逐步发展为独立开展对外承包工程或劳务合作。2002年3月，宁夏二建集团获得中国援助贝宁体育场维修招标项目，成为宁夏企业独立承担援外工程项目的标志。2012年10月，宁夏宝塔石化集团设计院中标设计哈萨克斯坦科兹拉达尔州油田伴生气回收利用装置项目，成为宁夏工程设计咨询企业"走出去"的第一家，也标志着宁夏对外承包工程业务能力和结构实现了新的提升，初步形成了多业并举、综合发展的格局。

表2　宁夏对外承包工程业务及对外劳务合作派出人数统计表

年份	对外承包工程完成营业额		对外承包工程新签合同额		对外劳务合作派出劳务人员	
	金额（万美元）	比上年增长（%）	金额（万美元）	比上年增长（%）	派出人数（人）	比上年增长（%）
2006	961	–	207	–	–	–
2007	852	–11.34	1490	619.81	–	–

①张瑛：《宁夏企业海外布局提速 对外投资前五月超五年总和》，新华网宁夏频道，http://www.nx.xinhuanet.com/newscenter/2015-07/06/c_1115821922.htm，2015年7月6日。

续表

年份	对外承包工程完成营业额		对外承包工程新签合同额		对外劳务合作派出劳务人员	
	金额（万美元）	比上年增长（%）	金额（万美元）	比上年增长（%）	派出人数（人）	比上年增长（%）
2008	1147	34.62	1618	8.59	247	–
2009	1692	27.38	2691	66.32	347	40.49
2010	1994	47.52	3246	20.62	453	30.55
2011	1940	–2.71	3357	3.42	291	–35.76
2012	1787	–7.89	4572	36.19	280	–3.78
2013	2574	44.04	10155	122.11	248	–11.43
2014	4979	93.43	9599	–5.48	371	49.60
2015	1991	–60.01	1344	–86.00	441	18.87
2016	3357	68.61	5542	312.35	312	–29.25

数据来源：宁夏回族自治区统计局、国家统计局宁夏调查总队编：《宁夏经济要情手册(2016)》，银新出管字(兴)〔2017〕第 11–633 号，2017 年。

2.境外工程劳务合作的地域不断拓展

宁夏对外承包工程、劳务合作地域 20 世纪 80—90 年代以非洲市场为主，此后逐步扩展到全世界 50 多个国家和地区，初步形成了“以非洲市场为主，亚洲市场发展迅速”的经营格局，经营业务主要分布在乌干达、也门、新加坡、日本、蒙古、卢旺达、阿联酋、约旦、尼日利亚、安哥拉、韩国、柬埔寨、斯里兰卡、哈萨克斯坦等国家。

3.宁夏对外承包业务主体和领域有所增加

宁夏对外承包工程和劳力合作的企业已由 2000 年的 3 家增加到 2014 年的 19 家。对外承包经营业务领域由传统的单一工程承包扩展到了工程设计、劳务合作经营等领域。

二、宁夏对外投资合作的优劣势分析

宁夏实施企业“走出去”战略，既有开展对外合作交流的优势条件，但也存在着明显的制约因素，特别是宁夏与“丝绸之路经济带”沿线国家的经贸交流与合作还比较少。因此，需要政府、企业共同努力，充分发挥优势条件，克服劣势，加快推进宁夏实施企业“走出去”战略的步伐。

（一）宁夏实施企业“走出去”战略的优势

1.中阿博览会对外合作交流的平台优势

中阿博览会是由中国商务部、中国国际贸易促进委员会、宁夏回族自治区人民政府共同主办的国家级、国际性综合博览会，在宁夏已经举办了五届（包括三届中阿经贸论坛），得到了阿拉伯国家的广泛认同，成为中国与相关国家进行高层对话、政策沟通、经贸合作、人文交流的战略平台。通过两年一次举办系列论坛、会议和相关活动，为中阿各国经贸合作提供了“政策沟通、道路联通、贸易畅通、货币流通、民心相通”的机制保障。

2.特色优势产业支撑优势

经过多年的发展，宁夏在煤炭开采、煤化工、石油炼化、电力、医药、有色金属冶炼、机械制造、羊绒纺织、建材、防沙治沙等行业领域及优质粮食、葡萄、枸杞、草畜、蔬菜“1+4”特色优势农业已形成了较强的国际竞争力，为宁夏实施“走出去”战略提供了坚实的产业支撑。

3.内陆开放型经济试验区先行先试政策优势

国家对宁夏经济社会发展给予了特殊的政策支持。2008 年，国务院下发了《关于进一步促进宁夏经济社会发展的若干意见》；2012 年，国务院正式批复建立宁夏内陆开放型试验区，赋予了宁夏先行先试的政策权限，为宁夏实施“走出去”战略提供了政策支持保障。国家为实施“一带一路”倡议而建立的亚投行、丝路基金、中国—中欧合作基金、中—欧亚经济合作基金、亚洲区域合作专项资金、中国—东盟海上合作基金、中国—东盟基金 + 周边友好交流专业基金等七个资金平台，也将极大地有利于宁夏企业“走出去”发展。

（二）宁夏实施企业“走出去”战略的劣势

1.经济总量小，对外投资实力弱

2014年以前，宁夏非金融类对外直接投资额总体规模小，仅占全国地方各省区非金融类对外直接投资总额的0.62%。这与宁夏经济总量小、对外开放度低关系密切。从2014年开始，得益于国家实施“一带一路”倡议，宁夏对外直接投资大幅增长，但宁夏经济总量小，对外依存度低，对外直接投资实力弱。2016年，宁夏实现地区生产总值3150.1亿元，仅占全国国内生产总值的0.42%；进出口贸易216.27亿元，仅占全国进出口贸易总额的0.09%，对外依存度仅为6.87%。

2.对外投资企业少，投资领域单一

目前，宁夏对外投资企业仅有几十家，投资领域主要集中在羊绒纺织、石油加工、煤炭及有色金属采矿、农业开发等行业，工程设计及咨询服务刚刚起步，缺乏高端制造业、金融、高科技及现代服务业等领域的投资能力。而且，宁夏企业境外投资配套产业链不全，没有形成集群效应，企业之间缺乏合作，在应对投资东道国政府的投资管制以及解决劳工纠纷等方面难以形成合力，抵御市场风险的能力较弱。

3.企业国际化程度低，缺乏自主品牌

由于宁夏大部分企业科技实力不强、自主研发能力弱、缺乏自主创新核心技术和核心产品、高新技术成果储备少、国际化程度低，导致对外直接投资项目生产产品往往技术含量低、附加值低，缺乏知名的国际品牌，产品国际市场竞争力较低。特别是在对外工程承包业务的发展方面，缺乏大型的国际化工程承包企业，外派劳务人员数量多年来仅维持在几百人的规模上，每年完成的对外承包工程营业额仅有几千万美元。

4. 企业“走出去”融资渠道不畅

任何企业的国际化发展，都离不开金融业的支持。由于宁夏金融业不发达，金融生态环境不完善，缺乏“走出去”的地方性银行、金融租赁公司、保险公司、股权交易中心、中外离岸结算中心等金融机构，宁夏“走出去”的企业又缺乏境外银行的信用基础，难以从境外银行获得贷款支持。而国内银行跨境担保外汇管理程序复杂，对境外贷款外汇管理要求严格，“走出去”企业申请境外贷款办汇门槛高、难度大，境外融资困难已经成为制约企业“走出去”的重要因素。

5. 跨国经营人才严重不足，海外投资市场信息缺乏

宁夏企业在对外直接投资发展过程中，普遍缺乏通晓国际市场和国际投资方面的专业型人才和善于熟练操作跨国投资实务的人才，且由于对外投资规模小，宁夏至今未建立专门服务于对外投资的信息咨询服务中介机构，企业缺乏针对国际投资市场、投资东道国法律法规及投资领域的全面了解，既影响“走出去”企业的健康稳定发展，也影响到企业“走出去”的积极性。

三、宁夏实施企业“走出去”战略的路径选择

（一）明确目标定位

根据宁夏企业对外直接投资的现状和全区经济社会发展的新常态，在“十三五”期间，宁夏应加大对外直接投资的支持力度，积极鼓励企业“走出去”发展，以对外投资拉动对外贸易、招商引资和全产业链发展，使对外直接投资、对外劳务工程承包、对外贸易成为促进宁夏开放型经济发展的“三驾马车”。力争对外直接投资发展达到年均稳定增长20%以上的速度，务实推进宁夏企业参与“一带一路”沿线国家重大项目建设领域的合作，拓展宁夏企业“走出去”的发展空间。

（二）选择适合宁夏企业“走出去”的路径

在进一步密切与欧、美、日等发达国家和地区等“走出去”的基础上，积极拓展与阿拉伯国家、中亚五国、西亚的土耳其和伊朗、南亚的巴基斯坦、东南亚和马来西亚、印度尼西亚和俄罗斯等“一带一路”沿线国

家的经济合作领域，不断优化以内陆开放型经济为合作重点的“引进来”与“走出去”协同发展的路径。

1.提升中国—阿拉伯国家间多层次多领域的合作

一是探索开展对阿高新技术领域合作。围绕新能源、新材料、石油化工、先进装备制造、信息、卫星导航、电子商务、智能电网、医疗等高新技术领域，积极促进中阿双方的技术交流与产业合作。搭建国内科研机构、大专院校、企业与阿拉伯国家开展科技交流、成果展示、技术转让、技术贸易的国家级平台。推进医疗卫生、健康养老等领域的对外交流合作，积极打造中阿医疗合作窗口。

二是积极开展金融合作。鼓励宁夏金融机构在阿方相关国家设立分支机构，以方便宁夏企业对阿投资。同时，积极吸引以海湾国家为核心的阿拉伯国家著名金融机构来宁设立分支机构，开展中阿金融机构的广泛合作和金融产品的不断创新。积极研究针对阿拉伯资金特色的专项产业引导目录，助推阿方资金在宁夏落地。

2.建设中亚区域性产业中心

积极利用中国与中亚国家的跨国协调机制，推动宁夏与哈萨克斯坦等国家建立贸易输出、口岸对接等方面的务实性合作机制。依托宁夏特色优势产业基础和企业走出去的经验，鼓励和支持有条件的重点企业积极参与中哈产能合作计划的实施，积极谋划中哈产业合作示范园区建设，借鉴中国与新加坡工业园区建设的做法及经验，围绕石油、天然气、矿产等能源资源领域的开发，蔬菜、瓜果等农作物的产业化种植加工，牛羊肉及乳品的生产加工等领域开展专项合作，依托专项开发合作建立产业合作示范园区。积极推进企业在哈的贸易和技术合作与交流，通过重大产业化项目建设，将国内先进的企业管理制度、技术标准和技术服务等通过项目合作方式输出到当地，建立起以哈萨克斯坦为中心，可辐射到其周边其他中亚国家的产品销售网络和贸易体系。

3.积极开展与西亚国家的经济合作

进一步加大与伊朗、土耳其等西亚国家经济合作与经贸往来，以旅游、教育和科技交流为先导，增强彼此间的了解与互信，加强相互对外投资合作。采取合资、合作等多种形式，积极参与伊朗在石油化工、冶金、焦化、纺织、轻工、农业、水利等领域的投资合作，推动双方在旅游和科技研发方面的深度合作。探索与土耳其在交通基础设施建设、机械设备和电子产品方面的投资合作，开展农业、纺织业技术的交流，推动双方开展旅游、文化领域的双向互动交流。

4.积极参与中巴经济走廊建设

宁夏应紧紧抓住“中巴经济走廊”建设的良好机遇，在中巴经贸合作的基础上，积极推进与巴基斯坦在农业、水利、信息通信、机械设备制造、纺织工业、矿产资源开发、能源和科技等领域的经济合作，鼓励有条件的企业围绕能源、纺织、先进装备制造等领域在巴基斯坦建设产业园区，向巴方输出先进的产业技术和管理经验；积极参与巴方的道路、港口等重大交通基础设施建设工程劳务承包合作等。

5.积极推进与东南亚国家相关产业领域的合作

充分利用中国—东盟自由贸易区升级版全面推进的契机，推动与东南亚国家在产业技术交流方面建立长期合作机制。

6.继续加强与传统“走出去”国家和地区的经济合作

一是进一步密切与欧美日等发达国家的经济合作。加快建立与欧美日韩等发达国家驻华主管机构、主要商协会的机制化合作关系，为宁夏企业加快“走出去”铺设路径。以引进跨国公司为重点，深入推进宁夏企业与国内外500强跨国公司在新能源、新材料、生态环保等方面开展具有自主知识产权的专项技术研发、品牌建设的合作与交流。加大与美国、日本、法国、意大利在新能源、生物医药、葡萄酒、羊绒、枸杞等优势产业方面专项技术的合作开发，提升宁夏特色优势产业的国际分工地位。建设宁夏国际葡萄酒交易博览中心等营销平台，积极鼓励企业抱团“走出去”建立国际营销渠道，推动宁夏产品进入国际高端市场。

二是推动宁港澳台深度合作。充分利用内地与香港、澳门《关于建立更紧密经贸关系的安排》(CEPA) 及《海峡两岸经济合作框架协议》(ECFA)，完善宁—港澳台经贸合作机制。创造条件推动港澳台先进产业转移，争取国家在银川设立 CEPA 示范区，创新共建共赢新型合作模式，加强国际物流产业、文化产业、会展产业和旅游业等方面的合作。加强与香港在金融、物流、品牌建设、设计等多个现代服务业领域的交流与合作，积极引进香港金融、咨询、工程设计、知识产权服务等企业，来宁建立分支机构。支持宁夏优势企业赴香港上市融资，设立专属自保公司，促进宁夏企业利用香港商贸、金融平台实现“走出去”和融资，建设宁夏向东开放的香港通道。

三是积极推进与非洲国家的经济合作。继续在非洲承接对外承包工程及劳务合作。继续推进与毛里塔尼亚的畜牧合作，通过输出技术等方式，帮助当地发展农牧产业，建立起产业与技术输出合作的新模式，提高宁夏企业在毛里塔尼亚的影响力。支持宁夏企业在非洲各国开展铜矿、木材和煤矿开采等资源开发，因地制宜地开展用工培训，注重与当地员工的交流、提高互信，高度重视对当地的环境保护，积极融入当地的社会生活。

四、加快宁夏实施企业“走出去”战略的对策建议

（一）加大实施企业“走出去”战略的力度

加快实施“走出去”战略，是适应国际经济发展全球化、国内经济发展新常态、主动扩大对外开放、提高企业参与国际经济合作、提高国际竞争力的重大举措。2015 年 3 月，国务院授权发布的《推动共建丝绸之路经济带和 21 世纪海上丝绸之路的愿景与行动》，为宁夏实施“走出去”战略带来了新的发展机遇和政策保障。2015 年 8 月，自治区党委出台的《关于

融入“一带一路”加快开放宁夏建设的意见》明确提出了“加大企业走出去力度”的要求和举措，为推动宁夏实施企业“走出去”战略提供了可靠的政策保障。为进一步加大实施企业走出去战略的力度，还需要按照“政府引导、民间助力、企业投资、互惠共赢”的原则，以加强与丝绸之路经济带沿线国家的经贸合作为重点，由政府搭建各类服务平台，开展自治区境外投资需求、领域和国别研究，为企业“走出去”提供政策引导和各类切实有效的服务。鼓励企业加强对投资东道国及重点投资领域等目标市场进行细分研究，制定有针对性的发展策略，主动参与国际市场分工，促进宁夏优势特色产业“走出去”发展壮大，提高国际市场竞争力和市场占有率，形成宁夏对外开放的新格局。

（二）深化“走出去”管理制度改革

继续深化外商投资和境外投资审批制度改革。按照商务部令 2014 年第 3 号《境外投资管理办法》，推进投资便利化、简化手续，对外商投资和境外投资项目实行以备案为主的管理方式，其中企业境外投资涉及敏感国家和地区、敏感行业的，实行核准管理。凡属自治区主管部门核准或备案的企业投资项目和前置审批，除国家要求自治区保留事项以外，一律下放到市、县（区）。逐步放宽境外放款外汇管理，简化跨境担保外汇管理政策，为宁夏企业“走出去”后续发展提供更加便利的资金支持。

（三）强化财税支持政策

积极争取国家对外投资合作专项资金支持，将地方财政预算与国家对外投资合作专项资金统筹安排使用。支持企业在“一带一路”沿线国家和地区开展投资合作，重点对开展境外产业园区和开发区建设、合作开发矿产资源和能源、收购企业和品牌、建立加工基地和营销网络以及带动宁夏产品、装备等出口和技术服务输出的项目给予支持。对企业在海外开展的研发和成果转化项目给予相应的资金补助。研究设立企业“走出去”奖励资金，对在境外投资取得良好成效、带动区内产业发展的企业给予奖励。

积极争取建立境外投资企业税收减免、税收抵扣政策，支持企业对外投资；允许企业境外投资按照递延等办法进行税务申报，允许企业境内外所得或亏损可以互相抵补。

（四）支持各类企业以多种形式“走出去”

鼓励有条件的企业积极参与境外投资，采取“抱团结伴”“搭船出海”的方式，通过与世界500强企业开展配套协作、与央企合作共建、与区内上下游企业形成产业联盟等方式，扩大“走出去”的领域和范围，提高宁夏企业的抗风险能力。

加快培育壮大优势产业的国际竞争力，引导龙头企业确立国际化发展战略，建立适应跨国经营的现代企业制度，支持企业通过境外品牌、技术和生产线并购以及兼并、上市、重组联合等多种方式开展境外投资，带动国内产品出口。

提升开发利用境外资源、开拓国际市场和吸纳高层次人才的能力，培育贸易投资一体化的跨国经营主体。

探索境外资源开发新途径，引导企业开展以基础设施建设换资源、勘探合作换取矿业开发权、国内优势产能换资源等新型合作模式。鼓励整体实力较强的企业在境外设立研发中心、营销中心等价值链关键环节，充分利用和发挥境外技术和人才优势。

鼓励和支持中小企业依托宁夏特色优势产业，在境外开展宁夏特色优势产品的加工与营销等投资活动。

充分利用中国海外工程承包的优势和境外经贸合作区建设的良好基础，组建宁夏海外工程建设运营集团，整合现有海外工程承包经营资源，提升宁夏海外工程承包运营能力，扩大海外工程承包份额。

（五）加大金融支持力度

积极对接亚洲基础设施投资银行、丝路基金、国家开发银行、中国进出口银行等政策性金融机构，帮助企业拓宽融资渠道。加强与中非基金、欧亚基金的合作，推动各类股权投资基金和风险投资基金支持宁夏企业开展境外投资。

鼓励银行等金融机构设立境外营业网点，为企业“走出去”提供新金融产品，探索境外资产、境外应收账款等融资抵押方式，进一步简化境外贷款审批手续。给予境外工程承包项目合理的用汇和便利的外汇核销手续。

支持保险机构设立境外营业网点，开展出口信用保险和海外投资保险，为企业“走出去”提供投资、运营、用工等方面的保险服务。

（六）建立“走出去”信息服务机制

由自治区商务管理部门及时宣传商务部发布的《对外投资合作国别（地区）指南》、国别产业指引等文件，帮助企业了解投资目的地投资环境；及时发布国别风险信息，为企业进入市场提供及时、有针对性的境外投资安全指导；利用多种渠道开展高风险国家或地区的风险评估报告，协同做好重点国别风险防范预判和应对重大风险的防范措施；会同有关部门发布环境保护等指引，督促企业在境外合法合规经营；建立对外投资与合作信息服务系统，为企业开展境外投资提供数据统计、投资机会、投资障碍、风险预警等信息；支持行业协会、商会、中介机构、企业的境外经贸联络处等积极与国（境）内外投资促进机构和行业协会联系，为企业提供信用咨询、人员培训等服务。

（七）建立鼓励海外投保的财政补贴机制

海外投资面临的风险主要有两个方面：一是投资东道国的大环境，二是投资合作方的信用程度。而这两个方面的风险单纯依靠涉外企业自行评估很难做到全面客观，这就需要有第三方保险企业提供风控建议，但本土保险企业无法帮助本土企业做到这一步，这是目前涉外投资企业面临的最大问题。而涉外投资企业海外投保，不仅能够按投保额赔付，同时保单也是一种融资的信用凭证，特别是保险公司能够给涉外企业提供最佳的风险控制建议，对投资东道国的局势分析，提出最合理的规避风险意见，这些都是国内保险企业无法做到的。因此，自治区政府应建立积极鼓励涉外投资企业进行海外投保的财政补贴机制，保费由自治区财政给予补贴。

（八）加强“走出去”人才队伍建设

加强企业中高级境外经营管理人才的培养，采取多种形式组织企业参加各类研修培训活动，资助相关企业人员参加海外培训，开展专项国际人才交流，支持企业培养和引进符合国际市场发展需要的复合型人才。在宁夏大学、北方民族大学、宁夏医科大学建立跨国经营人才培训基地，加大宁夏跨国经营人才培养力度。建立适应境外投资发展需要的人才激励机制，对符合条件的各类人才给予资金补贴。

全域旅游视野下宁夏特色鲜明国际旅游目的地建设研究

鲁忠慧

现阶段，学术界关于旅游目的地及国际旅游目的地的定义，尚未形成统一的概念。无论是一个旅游城市还是一个国家和地区，都可以说是一个旅游目的地。依据笔者对学界关于旅游目的地、国际旅游目的地定义的概览和研读，所能认同的旅游目的地的定义是冈恩对旅游目的地所下的定义，即旅游目的地是一个感性概念，它是为消费者提供一整套完整体验的旅游产品系统综合体，是吸引旅游者短暂停留、参观浏览的地方，是由各类资源要素和设施要素共同构成的能够为旅游者提供完整旅游体验的综合系统。①根据世界上相关地区的成功经验，国际旅游目的地应是即具备吸引世界各地游客前来观光游览、休闲度假、开展商务活动和会议展览的特质，其吸引性、舒适性、可达性、附属服务达到国际化程度的旅游地域综合体。

一、宁夏建设特色鲜明国际旅游目的地战略目标的定位背景

旅游业的发展战略目标的确立对于旅游业的发展有着至关重要的作

作者简介：鲁忠慧，宁夏社会科学院文化研究所所长，研究员。研究方向为文化事业、文化产业。

①邹统钎，等：《北京创建世界最佳旅游目的地城市的差距诊断与战略对策》，旅游教育出版社，2011 年，第 4 页。

用，它既是旅游业发展的风向标，也是旅游业提升整体竞争力和可持续发展的助推器。

“十一五”以来，自治区党委、政府对如何定位宁夏旅游业的发展战略目标，一直围绕着将宁夏建设成为一个什么样的旅游目的地这个中心主题，本着科学发展的态度，在实践和实际发展过程中，不断地进行着调整和完善。2006年，自治区颁布的《宁夏回族自治区国民经济和社会发展第十一个五年规划纲要》中指出要“把宁夏旅游业发展成为优势特色产业，把宁夏建成中国西部独具特色的旅游目的地”；2008年，《国务院关于进一步促进宁夏经济社会发展的若干意见》进一步明确了要把宁夏“建成西部独具特色的旅游目的地”的战略目标，该目标的确立是与当时西部大开发的大环境相适应的；2010年11月，《宁夏回族自治区国民经济和社会发展第十二个五年规划纲要》提出要“努力将宁夏打造成我国西部独具特色的旅游目的地和面向阿拉伯国家的国际旅游目的地”；2011年12月底通过的《自治区党委、人民政府关于做强做大文化旅游产业的决定》提出“做强做大文化旅游产业，大力推进文化旅游融合发展，努力把文化旅游产业培育成宁夏重要支柱产业和新的经济增长点，经过5—10年的发展，基本建成面向全国乃至阿拉伯国家独具特色的文化旅游目的地”，这个目标的设定是与宁夏文化资源特色和自治区开始举办中阿经贸论坛的发展环境相适应的；2012年9月获批的《宁夏内陆开放型经济实验区规划》提出，要将宁夏打造成为特色鲜明的国际旅游目的地的战略目标；2016年1月，《宁夏回族自治区国民经济和社会发展第十三个五年规划纲要》中提出建设特色鲜明的国际旅游目的地，构建“一核三廊六板块”的全域旅游发展新格局，这是与2012年9月中央批准宁夏建设内陆开放型经济试验区和旅游业终极发展目标相适应的，该目标是前瞻性、科学性和可持续性的战略目标定位；2017年3月，《宁夏回族自治区“十三五”全域旅游发展规划》提出“围绕全域化、国际化、智慧化、品牌化、生态化发展战略，着力构建‘一核两带三廊七板块’全域旅游空间发展新格局”，这是与2016年国家提出全域旅游发展战略背景下，宁夏将建设特色鲜明的国际旅游目的地融入了发展全域旅游的模式之中的定位。

二、宁夏建设特色鲜明国际旅游目的地的目标定位符合旅游产业发展的一般规律

旅游目的地按客源地可划分为四个级别：区域级、国家级、国际级、世界级。其中，区域级的旅游目的地，客源来源一般是旅游地周边跨市、跨省的区域，远程客源相对较少，旅游目的地只在一定的区域内有较高的知名度和影响力；国家级在全国具有较高知名度和吸引力；国际级在区域知名；世界级在全球知名。区域级的国际旅游目的地的典型代表如新加坡、香港，世界级的国际旅游目的地的典型代表如纽约、伦敦、东京和巴黎。

进入“十一五”以来，宁夏旅游业的发展战略目标的定位，从建成中国西部独具特色的旅游目的地→我国西部独具特色的旅游目的地和面向阿拉伯国家的国际旅游目的地→面向全国乃至阿拉伯国家独具特色的文化旅游目的地→特色鲜明的国际旅游目的地→构建全域旅游空间发展新格局。按照上述以客源地划分旅游目的地类型依据，自治区旅游发展战略目标的演进可以表述为从区域级→区域级 + 国际级→国家级 + 国际级→世界级的这样一个由初级到高端、由小范围向大区域的调整完善的过程。

从产业发展的一般规律看，宁夏旅游发展战略目标的持续演进是符合产业由初级到高级的一般发展规律的。从连接旅游“目的地”和旅游“客源地”交通设施的不断便捷化看，客源地到目的地活动区域不断变广，同时伴随着全球经济一体化的进程，旅游国际化的趋势愈发明显，就促使旅游业从大区域化逐步走向国际化、全球化。据世界旅游组织预测，到2020年，全球将接待16亿人次的国际旅游者，国际旅游消费收入将达到2万亿美元，国际旅游人数和消费年均增长率将分别达到4.35%和6.7%，远远

高于世界经济年均3%的增长率，国际旅游人口将占世界总人口的3.5%①。根据世界旅游组织预测，到2020年中国将成为世界最大的旅游目的地。因此，宁夏旅游发展战略目标定位的不断转型升级是旅游产业发展规律所决定的。

三、宁夏建设特色鲜明国际旅游目的地是旅游国际化的必然选择

国际旅游目的地与旅游国际化是两个不同的概念，有着不同的内涵。国际旅游目的地强调的是一种状态，是指某个旅游目的地具有世界级旅游吸引力，客源市场广泛且面向全球各地，是世界旅游网络的重要节点，具有较强的旅游经济实力。旅游国际化是阶段性的、动态变化的概念，强调的是一种发展提升的过程，是指旅游产业发展与经营时，以国际游客为目标市场，按照国际公认标准或惯例提供旅游产品或服务的过程。旅游国际化是实现国际旅游目的地目标的必要手段和途径，国际旅游目的地是旅游国际化的终极目标。因此，宁夏建设特色鲜明国际旅游目的地是旅游国际化的必然选择。

四、宁夏旅游业发展现状与特色鲜明国际旅游目的地目标差距分析

（一）基于宁夏旅游业纵向发展比较看，与特色鲜明国际旅游目的地的建设目标逐步在缩小

宁夏旅游业发展总体情况。“十二五”时期，宁夏旅游业持续稳定发展，旅游接待人数的增长，游客在宁夏旅游消费的持续攀升，推动了旅游总收入的不断提高，总体实力不断增强。“十三五”起始的2016年以及2017年上半年，在全域旅游发展战略以及全域旅游示范（省）区创建的力

①江燕玲：《重庆旅游业国际化的战略思考》,《经济师》2011年第5期。

推之下，旅游业继续保持着良好的发展势头。2011—2015 年，宁夏旅游接待人数由 1169 万人次增加到 1839 万人次，增长了 57 %；旅游总收入由 84 亿元增加到 161 亿元，增长了 92%；旅游总收入占当年地区生产总值由 4.1%提升到 5.6%；旅游投资从 22.7 亿元增长到 93.8 亿元，同比增长 32.8%。截至 2015 年，全区 A 级景区总数达到 56 家，其中 5A 级 4 家，4A 级 16 家；旅行社 118 家，其中出境组团社 24 家；星级饭店 102 家，星级农家乐 205 家。旅游直接从业人数超过 5 万人，间接从业人数超过 25 万人。[①]2016 年，全区接待国内外游客 2159 万人次，同比增长 17.1%；进出境人数达到 20.7 万人次，同比增长 97%；旅游总收入 210 亿元，同比增长 30.2%，旅游总收入占全区 GDP 比值达到 6.73%[②]。2016 年，宁夏旅游接待人次和总收入增幅分别居全国第 12 位和第 5 位[③]。2017 年上半年，宁夏旅游直接从业人数 7 万余人，带动间接就业 28 万多人，占全区就业人数 6.4%，占服务业就业人数 20.85%；宁夏开工旅游项目 118 个，总投资 34.3 亿元，与上年同比分别增长 33.3%和 47.9%；宁夏财政安排 7100 万元旅游发展专项资金。[④]2017 年上半年全区接待游客 1489 万人，旅游总收入 125 亿元，分别增长 21.52%和 20.8%，继续保持了高速增长（见表 1）。[⑤]

宁夏“十二五”时期入境旅游人数与旅游外汇收入情况。入境游客数量多少是衡量旅游是否国际化的基础依据，也是最重要的指标。入境游游客越多就会创收更多的旅游外汇收入。从表 2 可以看出，虽然“十二五”期间，入境人数以及旅游外汇收入逐年递增，但增长幅度并不大，这是未来宁夏旅游业需要进一步拓展的市场。

---

①《宁夏回族自治区“十三五”全域旅游发展规划》。

②《宁夏：旅游融入经济社会发展全局》,《中国旅游报》 2017 年 7 月 27 日。

③徐晓平：《宁夏旅游连续 13 年保持两位数增长势头》，中国网，2017 年 7 月 27 日。

④《宁夏：旅游融入经济社会发展全局》,《中国旅游报》 2017 年 7 月 27 日。

⑤《宁夏两项旅游指标保持高速增长》,《宁夏日报》 2017 年 8 月 1 日。

表 1　宁夏近 6 年来旅游业发展数据表

指标数据 / 年度	接待量（万人）	总收入（亿元）	占 GDP 比重（%）	投资额（亿元）	旅行社（个）	A 级景区（个）	星级饭店（个）	从业人数(万人)
2011	1169	84	4.1	22.7				
2015	1839	161	5.6	34.3	118(其中出境组团社 24)	56(其中 5A 级 4 个,4A 级 16 个)	102(四星级 37 个，三星级 56 个,)	直接 5，间接 25
2016	2159	210	6.73					
2017 上半年	1489	125		34.3				直接 7，间接 28

注：表 1 根据以上文字表述整理而成。

表 2　宁夏“十二五”时期入境旅游人数及旅游外汇数据表

指标数据 / 年度	入境旅游人数（人次）	外国旅游人数（人次）	旅游外汇（万美元）
2011	19479	13659	619.57
2012	18994	14300	545.10
2013	25357	15036	1208.31
2014	33657	15091	1848.23
2015	37315	18409	2083.86

数据来源：《宁夏旅游经济公报（2011—2015)》。

宁夏“十二五”时期入境游主要客源地情况。宁夏入境游大陆以外的主要客源地，2011 年为日本、美国、德国、韩国、马来西亚、英国、新加坡、法国、加拿大、澳大利亚等国家，2012 年为美国、日本、韩国、德国、法国、新加坡、马来西亚、意大利、英国、澳大利亚、泰国等国家，2013 年为美国、日本、韩国、德国、法国、新加坡、马来西亚、意大利、英国、澳大利亚、泰国等国家，2014 年为美国、日本、韩国、德国、俄罗斯、马来西亚、印度、新加坡、加拿大、澳大利亚、法国等国家，2015 年为美国、日本、韩国、德国、马来西亚、新加坡、法国、澳大利亚、加拿大等国家。①

从以上情况分析看，宁夏入境国外游客一般主要来自 10～11 个国家，也就是说国外主要客源地也集中在这些国家，且大多数集中在东南亚、北美、澳大利亚以及欧洲的德国、法国、英国及意大利。由此可以看出，宁夏入境游客所涉及的客源地范围还显狭窄，所涉猎的国别比较有限。

（二）基于全国旅游业发展横向比较看，与特色鲜明国际旅游目的地的建设目标差距还很大

从西北五省区的视角看：西北五省区中，陕西无论是旅游总收入、旅游总人数，还是外国旅游人数和旅游外汇收入都位居西北之首，是西北旅游经济发达省份，也是旅游国际化程度较高的省份。宁夏与之相比，旅游国际化的程度还相对很低，还有较大的提升空间。从表 3 中可以看出，宁夏在西北地区的旅游国际化程度的情况。

表 3　2015 年西北五省区旅游主要指标数据表

指标数据 省份	旅游总收入（亿元）	旅游总人数（万人次）	入境旅游（万人次）	外国人旅游（万人次）	旅游外汇收入（万美元）
宁夏	161.30	1839.48	3.7315	1.8409	2083.86
陕西	3005.8	38567.1	293.03	194.15	200000
青海	248.03	2315.4	6.56		3876.30
甘肃	975	15638.4	5.5	3.2	1418.1
新疆	1022	6097	168.36		60800

注：表 3 根据西北各省区《2015 年国民经济和社会发展统计公报》数据整理而成。

从西部 12 个省份的视角看：云南、陕西、贵州、广西、四川、内蒙古都属于旅游大省、强省，旅游总收入与旅游外汇收入，都明显高于其他省份，与西部其他省份相比，宁夏旅游接待量明显偏低，旅游总收入与旅

①《宁夏旅游经济公报（2011—2015）》。

游外汇收入也相对偏低。从表 4 中可以看到宁夏旅游业及旅游国际化水平在西部旅游中的发展水平和影响力。

表 4　2015 年西部省、区、直辖市旅游主要指标数据表

指标数据 省份	旅游总收入 （亿元）	旅游总人数 （万人次）	入境旅游人数 （万人次）	外国人旅游 （万人次）	旅游外汇收 入（万美元）
宁夏	161.30	1839.48	3.7315	1.8409	2083.86
陕西	3005.8	38567.1	293.03	194.15	200000
青海	248.03	2315.4	6.56		3876.30
甘肃	975	15632.9	5.5	3.2	1418.1
新疆	1022	6097	168.36		60800
四川	6210.5	59237.2	273.2		118000
贵州	3512.82	37600	94.09		
广西	3254.18	34111.43	450.06		191700
云南	3281.79	33375.32	1075.32		287600
内蒙古	2257.1	8512.6	160.8		96000
西藏	281.92	2017.53	29.26		17700
重庆	2251.31	39167.63	282.53		146900

注：表 4 根据西部各省、区、直辖市《2015 年国民经济和社会发展统计公报》数据整理而成。

从全国 31 个省份视角看：从表 5 中可以看出，与旅游业发达、旅游国际化程度高的北京、上海、天津、江苏、浙江、广东、福建等省、直辖市旅游外汇收入存在着很大的差距。

表 5　2015 年 31 个省、区、直辖市旅游主要指标数据表

指标数据 省份	旅游总收入 （亿元）	旅游总人数 （万人次）	入境旅游人数 （万人次）	外国人旅游 （万人次）	旅游外汇收 入（万美元）
宁夏	161.30	1839.48	3.7315	1.8409	2083.86
陕西	3005.8	38567.1	293.03	194.15	200000
青海	248.03	2315.4	6.56		3876.30
甘肃	975	15632.9	5.5	3.2	1418.1

续表

省份＼指标数据	旅游总收入（亿元）	旅游总人数（万人次）	入境旅游人数（万人次）	外国人旅游（万人次）	旅游外汇收入（万美元）
新疆	1022	6097	168.36		60800
四川	6210.5	59237.2	273.2		118000
贵州	3512.82	37600	94.09		23133
广西	3254.18	34111.43	450.06		191700
云南	3281.79	33375.32	1075.32		287600
内蒙古	2257.1	8512.6	160.8		96000
西藏	281.92	2017.53	29.26		17700
重庆	2251.31	39167.63	282.53		146900
河北	3434	37138.2	138.2		62000
河南	5035.29	51900	268.29		62360
湖北	4308.76	50700	311.76		167200
湖南	3712.9	47226.1	226.1		86000
山东	7062.5	65506.3	461.0		289000
山西	3447.5	36059.4	59.4		30000
海南	572.49	5335.66	4492.09		24852
江苏	9050.1	62238.7	305	200.8	353000
浙江	7139	53500	1012		679000
上海		28369.58	800.16	614.64	596000
北京	4607.1	27420	420	357.6	460000
天津			326.01	300.54	329800
吉林	542.1	3808.6			72414
黑龙江	1066.1	10672.7	141.7		56000
辽宁	3722.7	39974.7	264	203.4	164000
安徽	4120.2	44844.6	444.6	259.2	226000
广东	10365(国内)		10517.16	660.42	1788500
福建	3141.51	26720.04	591.45	214.28	556100
江西	3637.7	38176.9	176.9		57000

注：表5根据31个省份《2015年国民经济和社会发展统计公报》数据和《2015年中国统计年鉴》及各省份旅游政务网旅游的统计数据整理而成。

（三）基于衡量国际旅游目的地基本指标看，实现特色鲜明国际旅游目的地的建设目标任务艰巨

建设国际旅游目的地其实就是旅游业的国际化过程，是指一个国家或地区的旅游业不断与全球进行衔接，与世界惯例进行接轨，并逐步融入全球网络的过程。而旅游业的国际化程度则是衡量一个国家或地区旅游经济实力和旅游国际竞争力的主要依据[①]。随着我国对外开放的不断深入和旅游业的繁荣发展，旅游国际化已成为我国很多地区发展旅游业的普遍追求，只不过由于多种因素影响，目前，不同地区旅游国际化的进程速度及水平（或程度）处于不同阶段与层次。要将宁夏建设成为国际旅游目的地，这是旅游业发展的高端目标，也是旅游业发展的最高阶段和发展方向。那么，宁夏与国际旅游目的地之间，目前到底存在多大差距，宁夏旅游国际化程度如何呢，都需要我们有一些基本的衡量国际旅游目的地的指标作为参照来进行量化比较分析（见表6），以帮助我们准确认识宁夏旅游业目前的发展状况与已设定的发展目标之间的差距。

目前，学术界还未形成有共识的衡量国际旅游目的地的指标体系，国际上较多从竞争力角度对国际旅游目的地发展进行相应评估。例如，世界旅游组织对全球旅游目的地排序时，主要采用接待入境过夜旅游者数量、国际旅游收入两大总量性指标。此处所采用的衡量国际性旅游目的地的指标，依据基本性、典型性、代表性、简洁性的原则，从旅游经济国际化、旅游客源市场国际化等方面考虑，主要将旅游国际（外汇）收入、国外游客年接待量等作为核心指标列入表中；从将宁夏作为一个城市来建设的视角出发，将国内外重点热点国际性旅游目的地城市作为比较目标列入表7，以便我们更直观、更清晰地了解宁夏旅游发展的现状与发展目标的差距。

---

① 江燕零:《重庆旅游业国际化的战略思考》,《经济师》2011年第5期。

表 6　宁夏旅游国际化水平基本指标对比

指标名称	指标		城市或省区
	区域性国际旅游目的地城市标准	世界级国际旅游目的地城市标准	宁夏
国外游客年接待量（万人次）	500	1000	1.8409(2015 年)
国际航线年旅客吞吐量（万人次）	5000	8000	16.33 （2016 年)600 多（2016 年旅客总吞吐量)；1000（2010 年计划旅客总吞吐量）
大型国际会议数量(个)	70	100	1(2016年)
世界文化遗产(个)	1	3	无

注：宁夏相关国外游客年接待量数据来源于《宁夏 2015 年旅游经济统计公报》，2016 年银川河东机场国内外旅客吞吐量以及国际旅客吞吐量数据来源于《宁夏航空运输越来越有国际范》(《宁夏日报》2017 年 3 月 28 日)，其他数据来自《北京创建世界最佳旅游目的地城市的差距诊断与战略对策》(旅游教育出版社，2011 年，第 23 页)。

表 7　宁夏与国内外热点旅游城市基本情况对比

指标	城市或国家、省区名			
	北京	新加坡	巴黎	宁夏
国外游客年接待量(万人次)	357.6(2015 年)	1640(2016 年)	8500(2015 年)	1.8409(2015 年)
旅游年国际（外汇)收入	50.7 亿美元（2016 年）	248 亿新币(约合人民币 1221 亿元)(2016 年)	–	2083.86 万美元（2015 年）
大型国际会议数量(个)	96(2009 年)	119(2009 年)	131(2009)	2(2016 年)

注：国外游客年接待量：北京的数据来源于《2016 年北京旅游业概况》(北京旅游发展委员会网站)，新加坡的数据来源于《新加坡旅游收益 2016 创新高 中国游客花费最多》(中国侨网 2017 年 2 月 22 日)，巴黎的数据来源于《2016 年底法国旅游业回暖 本土游客占多数》(周文仪编译，《欧洲时报》2017 年 2 月 9 日)，宁夏的数据来源《宁夏 2015 年旅游统计公报》。

旅游年国际（外汇）收入：北京的数据来源于《2016 年北京旅游业概况》(北京旅游发展委员会网站)，宁夏的数据来源于《2015 年宁夏旅游经济发展统计公报》，新加坡的数据来源于《新加坡旅游收益 2016 创新高 中国游客花费最多》(中国侨网 2017 年 2 月 22 日)。

大型国际会议数量：北京、新加坡、巴黎的数据来源于《北京创建世界最佳旅游目的地城市的差距诊断与战略对策》(旅游教育出版社，2011 年，第 42 页)。

表7所选的巴黎是业界公认的世界级的国际旅游目的地，新加坡是区域性国际旅游目的地[①]，北京是在国内被认为是旅游国际化水平最高的城市之一[②]。

表8所选北京、上海在国内属旅游国际化水平最高的城市，西安、杭州在国内属于旅游国际化中等水平的城市。[③]

表8　2015年宁夏与国内热点旅游城市基本情况对比

指标	城市及省区				
	北京	上海	西安	杭州	宁夏
国外游客年接待量（万人次）	357.6	614.64	94.35	342	1.8409
年旅游外汇收入（万美元）	460000	596000		293100	2083.86
4A级以上景区数（个）	80	54	26	37	20
4星级以上饭店数（家）	194	134	44	70	37

注：北京的数据来源于《2015年北京旅游业概况》（北京旅游发展委员会网站），上海的数据来源于《2015年上海旅游业统计公报》，西安的数据来源于《2015年西安旅游产业统计监测报告》，杭州的数据来源于《2015年杭州市国民经济和社会发展统计公报》，宁夏的数据来源于《2015年宁夏旅游经济发展统计公报》。

旅游国际化是一个国家或地区赚取外汇和解决就业的重要渠道，其发展状况是衡量一个国家或地区旅游产业国际化水平和产业成熟程度的重要标志。旅游国际化的直接结果及显性标志是旅游客源市场国际化和旅游经济国际化。旅游客源市场国际化是衡量旅游国际化的最重要和关键性指标，其表现为海外游客数的不断增多、海外客源市场的不断扩张与日益多元化；旅游经济国际化表现为旅游国际（外汇）收入的日益增长。因此，表6、7、8都将年国外游客接待量和年旅游外汇收入作为重点列入情况对比的指标中，通过对比可明显看出宁夏旅游业与世界级国际旅游目的地巴

①邹统钎，等：《北京创建世界最佳旅游目的地城市的差距诊断与战略对策》，旅游教育出版社，2011年，第23页。

②③闻飞，王娟：《中国热点旅游城市旅游国际化水平定量评价研究》，《人文地理》2012年第2期。

黎、区域级国际旅游目的地新加坡以及国内国际化水平最高的城市北京、上海和中等水平的城市杭州、西安之间的差别。这里笔者所选取对比的除新加坡外，全部都是城市，而不是国家和省区。由此可以看出，要将宁夏建设成为国际旅游目的地任重而道远。

五、全域旅游视野下的宁夏特色鲜明国际旅游目的地建设

全域旅游是指在一定区域内，以旅游业为优势产业，通过对区域内经济社会资源尤其是旅游资源、相关产业、生态环境、公共服务、体制机制、政策法规、文明素质等进行全方位、系统化的优化提升，实现区域资源有机整合、产业融合发展、社会共建共享，以旅游业带动和促进经济社会协调发展的一种新的区域协调发展理念和模式。[①]全域旅游是2016年初全国旅游工作会议上提出的旅游发展战略，至此之后，全域旅游就成为我国新时期发展旅游业的国家战略和我国旅游业转型升级的发展战略，是一场具有深远意义的变革。这场变革意味着旅游从景点旅游模式走向全域旅游模式，实现从小旅游格局向大旅游格局转变。这是区域发展走向成熟的标志，是旅游业提质增效和可持续发展的客观要求，也是世界旅游发展的共同规律和大趋势，代表着现代旅游发展的新方向。

（一）全域旅游发展战略与宁夏全域旅游示范（省）区的确立是宁夏特色鲜明国际旅游目的地建设的新引擎

2015年，国家旅游局局长李金早首次提出全面推动全域旅游发展，随后国家旅游局下发《关于开展“国家全域旅游示范区”创建工作的通知》。2016年初，李金早同志在全国旅游工作会议上做了《从景点旅游走向全域旅游，努力开创我国“十三五”旅游发展新局面》的工作报告，将全域旅游作为整体战略，提出进入新的发展时期，贯彻落实五大发展理念，必须

①李金早:《全域旅游的价值和途径》,《人民日报》2016年3月4日理论版。

转变旅游发展思路，变革旅游发展模式，加快推进旅游发展阶段演进，推动我国旅游从“景点旅游”向全域旅游转变。这是跳出传统旅游谋划现代旅游、跳出小旅游谋划大旅游发展的飞跃，在发展理念、发展形态、发展模式上的战略变革。2016 年 3 月，为进一步发挥旅游业的作用，实现旅游业与其他行业产业的深度融合，积极构建全域旅游发展格局，国家旅游局下发了《关于开展“国家全域旅游示范区”创建工作的通知》，并确立了首批创建国家全域旅游示范区 262 家。

宁夏 2015 年的政府工作报告中，就提出“把宁夏作为一个城市规划布局”，这与全域旅游的理念不谋而合。之后，自治区政府发布了《关于全面提升旅游服务质量“十百千万”工程的若干意见》，提出通过创建十条旅游特色街区、做强十大景区、发展十大旅游购物商店、打造十强旅行社、做优十家旅游饭店、扶持十大特色农家乐、推广十大金牌旅游小吃、评树百名旅游服务之星、培育千名乡村旅游带头人、培训万名旅游从业人员等一系列举措，全面带动全域旅游的发展。

在李金早同志明确提出“全域旅游”概念之后，自治区党委、政府把握大势，站在全局性、战略性高度重视全域旅游的发展模式，2016 年自治区政府工作报告中，明确提出了“全景”“全时”“全民”“全业”的发展模式，建设宁夏全域旅游目的地。从党委、政府层面提出“全域旅游”发展战略，是继海南国际旅游岛之后，率先发声的内陆省区，同时也是继海南省之后被国家确立为第二个发展全域旅游的示范（省）区。2016 年 7 月，习近平总书记在宁夏视察时对全域旅游发展理念和模式给予了“发展全域旅游，路子是对的，要坚持走下去”的高度肯定，至此之后，全域旅游就成为我国新时期旅游业发展的国家战略，成为现阶段我国旅游业转型升级的发展战略，也成为宁夏旅游业发展战略的定位以及促进宁夏旅游业转型升级的着力点和切入点。把宁夏当作一座城、一个景区来打造，通过发展旅游业带动其他产业发展，这是宁夏发展全域旅游的新理念和新目标。《宁夏回族自治区国民经济和社会发展第十三个五年规划纲要》中提出建设特色鲜明的国际旅游目的地，构建“一核三廊六板块”的全域旅游发展新格局。2016 年 7 月，宁夏出台了《宁夏全域旅游发展三年行动计划》，提出产业围绕旅游转、产品围绕旅游造、结构围绕旅游调、功能围绕旅游配、民生围绕旅游兴的全域旅游发展思路。按照《宁夏全域旅游发展三年行动计划》期限，创建工作分三年三个阶段实施：2016 年以“中美旅游领导高峰论坛”为重点的“筹备启动期”，2017 年以“中阿博览会”为重点的“持续推动期”，2018 年以“宁夏回族自治区成立 60 周年大庆”为重点的“全面创建期”。全面推进中卫市、泾源县、平罗县、青铜峡市作为国家全域旅游示范区的创建试点，以点带面、梯次推进，引领带动其他市县逐步分批创建，最终实现全区全域旅游发展。提出“一核两带三廊七板块”：“一核”是将银川建设成为宁夏全域旅游核心区，“两带”是指黄河金岸旅游带和古城历史文化旅游带，“三廊”是指贺兰山东麓葡萄文化旅游廊道、清水河流域丝路文化旅游廊道、古军事文化旅游廊道，“七板块”包括大沙湖休闲度假旅游板块、西夏文化旅游板块、塞上回乡文化体验旅游板块、边塞文化旅游板块、大沙坡头休闲度假旅游板块、韦州历史文化旅游板块和大六盘红色生态度假板块。把宁夏当作一座城、一个景区来打造，通过发展旅游业带动其他产业发展，这是宁夏发展全域旅游的新理念和新目标。全域旅游成为迎接大众旅游时代、推动宁夏旅游业可持续健康发展的重要选择。2017 年 3 月，自治区又出台了《宁夏“十三五”全域旅游发展规划》，提出“围绕全域化、国际化、智慧化、品牌化、生态化发展战略，着力构建‘一核两带三廊七板块’全域旅游空间发展新格局”。

至此，全域旅游就成为宁夏现阶段发展旅游业的着力点和切入点，成为推动宁夏旅游业可持续健康发展的重要选择，同时也成为推动宁夏特色鲜明国际旅游目的地建设的关键因素和强大推动力。

（二）国际旅游目的地建设目标要求与宁夏全域旅游发展目标高度契合

一般认为国际旅游目的地有以下几方面的通行要求。一是优质的旅游基础设施。包括便捷的旅游交通网络、高品质的绿化环境、国际化的目的地标识（这是世界各国不同文化、语言背景的人进行交流和活动的基本条件）、完善的旅游紧急救助救援体系（合理布局的各项救助服务设施，提供可靠的安全保障）。二是高品位的旅游资源和产品。三是围绕交通、住宿、游览、餐饮、娱乐、购物、结算、中介服务等高品质的服务。四是便捷的出入境程序。面对国际旅游市场，要做到口岸设施现代化、出入境手续方便。出入境手续应该按国际通行的方式，对主要客源国的旅游者实行旅游签证和在一定时间内免签。同时应努力方便中转客人作短暂停留。五是完善的旅游信息系统。旅游与科技的完美结合，是现代旅游业发展的新增长点，也是国际旅游目的地的要求。六是国际化的会议场馆。能否举办大型国际会议是旅游业发达成熟与否的表现。举办国际旅游会议的数量是旅游目的地国际交流功能的一项重要指标。七是良好的旅游目的地形象。旅游者对目的地的选择，依赖于对该目的地旅游形象的认知水平，并受其所掌握的旅游信息的影响。八是友好文明的旅游氛围。九是高效科学的旅游管理体系。

《宁夏“十三五”全域旅游发展规划》提出“围绕全域化、国际化、智慧化、品牌化、生态化发展战略，着力构建‘一核两带三廊七板块’全域旅游空间发展新格局。到 2020 年，全域旅游发展模式更加优化，供给体系更加多元，服务体系更加健全，管理体系更加科学，共享体系更加成熟，形成布局科学、结构合理、功能齐全、设施完善、优势互补、实力强大的全域旅游产业体系”，其中智慧化与旅游信息化，品牌化与特色鲜明、高品质化，生态化与绿色环境，设施完善与优质基础设施等，只是语言表述的不同，其所追求的目标是完全相同的。

以全域旅游发展理念，将旅游目的地的建设不再停留在对传统景区的建设上，而是使宁夏旅游从“景点旅游”向全域旅游转变，从传统旅游向现代旅游，从小旅游向大旅游发展、飞跃，在发展理念、发展形态、发展模式上把整个宁夏作为一个旅游目的地综合体来建设。

（三）全域旅游是宁夏建设特色鲜明的国际旅游目的地必选发展模式

旅游业的发展战略既是旅游业发展的风向标，也是旅游业提升整体竞争力和可持续发展的助推器。宁夏实施全域旅游发展战略与建设特色鲜明的国际旅游目的地相辅相成、互为目标。建设特色鲜明的国际旅游目的地是宁夏全域旅游的品牌形象，全域旅游是推进特色鲜明的国际旅游目的地建设的大政方略。

所谓旅游目的地就是要为消费者提供一整套完整体验的旅游产品系统综合体，是吸引旅游者短暂停留、参观浏览的地方，是由各类资源要素和设施要素共同构成的能够为旅游者提供完整旅游体验的综合系统。国际旅游目的地，即具备吸引世界各地游客前来观光游览、休闲度假、开展商务活动和会议展览的特质，其吸引性、舒适性、可达性、附属服务达到国际化程度的旅游地域综合体。

全域旅游是把区域整体作为功能完整的旅游目的地来建设，是空间全景化的系统旅游，是跳出传统旅游谋划现代旅游、跳出小旅游谋划大旅游。全域旅游是要形成一个旅游相关要素配置完备、能够全面满足游客体验需求的综合性旅游目的地、开放式旅游目的地，能够全面动员、全面创新、全面满足需求的旅游目的地。发展全域旅游是用新的思维方式谋划新的发展方式，贡献新的生活方式，培育一种优秀旅游目的地品牌。对宁夏而言，特色鲜明的国际旅游目的地就是我们结合宁夏自然资源禀赋、经济发展水平和文化脉络综合考虑，正在培育的符合宁夏实际的全域旅游目的地的一种特色品牌。

无论是全域旅游目的地，还是特色鲜明的国际旅游目的地，都是以游客体验为中心，以提高游客满意度为目标，整体优化旅游服务全过程，提供全过程体验产品，全面满足游客体验需求，围绕市场构建主打旅游产品，形成全域化旅游产品业态，是公共服务便捷、旅游产品丰富、处处是风景、环境优美、便于自驾自助旅游的优秀旅游目的地。都是在注重公共服务系统配套、注重生态环境和社会文化环境整体优化、旅游要素配置全域化之下，统筹建设旅游目的地的。

因此，以全域旅游发展视野建设特色鲜明的国际旅游目的地是宁夏“十三五”时期旅游业发展的必选发展模式。

六、发展全域旅游加快宁夏特色鲜明国际旅游目的地建设的思考

宁夏建设国际旅游目的地就是旅游国际化的过程，是宁夏实现在旅游产品、旅游营销、旅游服务、旅游资本、旅游人才、旅游设施水平、客源市场、交通等领域的全面国际化过程。如何以发展全域旅游，加快特色鲜明的国际旅游目的地建设，塑造出亮点、特色以及同中有异的旅游特质，必须有一个明确的实现发展战略的措施、路径和机制。

（一）重点是以发展全域旅游示范省区为契机，以高水准的旅游发展规划，加快宁夏特色鲜明国际旅游目的地建设

由于旅游产业发展规划具有长远性、全局性、战略性、方向性、综合性及系统性等特点，同时又因旅游规划编制的过程是推动实现旅游发展目标最优化的过程，毋庸置疑的是全域旅游必然是旅游业规划中的核心内容。因此，宁夏旅游业“十三五”发展规划的科学化水准，直接关乎全域旅游示范省区建设的成效。

立足宁夏实际，谋划宁夏旅游业发展。首先，要有一支具备规划实力的团队。要建立一支具有从国家战略视角研究问题能力的、能为战略性突破提供依据、熟悉旅游业内部运行规律的制订发展规划的团队（区外专家+区内专家+实际工作部门人员）。这支团队不仅能够要从宏观发展战略视

角发现制约旅游业发展的外部因素，同时还要了解当前宁夏旅游业发展体制机制深层次的矛盾。其次，发展规划需要科学对接国家发展战略。科学对接“一带一路”建设，谋区域旅游合作之路；对接“互联网+”战略，谋智慧旅游发展之略；对接供给侧改革，谋旅游业结构调整之策；对接外交战略，谋旅游外交突破之法。

（二）以宁夏全域旅游示范区建设为契机，攻克现行管理体制掣肘，加快宁夏特色鲜明国际旅游目的地建设

体制机制是影响产业发展的根本性问题，特别是当旅游业的发展进入社会资源利用阶段的时候，传统的行业治理模式就愈加不能适应产业发展的需要。在国家旅游局的推动下，全国已有20多个省份的旅游管理体制由“局”升“委”，实现了职能上由“行业管理”到“综合协调”的实际性转变，对于新形势下全域旅游的发展、旅游行业管理方式的变革优化将起到积极的引领作用。但目前还存在以下难点。

一是旅游管理部门职能不协调、不衔接、不匹配，以及条块分割、多头领导、各成体系，是影响宁夏旅游业在深度融合、统筹对接、有效监管等的主要瓶颈，旅游业发展缺乏统筹规划和安排，与全域旅游发展战略不相适应。

二是面临着“大产业，小部门”的现实困境。宁夏虽然已经建立起了旅游发展委员会，与旅游大产业相比较，新名称的旅游行政主管部门仍是个小部门，未来改革推进的程度，主要还在于基础设施建设与提供公共服务的外围部门。

建议：由于旅游产业关联度大、产业链长、带动力强的特点，当前全域旅游规划的统筹执行操作正从旅游部门向其他相关部门、行业延伸，这也要求地方政府能建立一套可以实现全社会有机联系、齐抓共管的体制机制，探索适合全域率与发展管理模式，打破各个部门相互切割、相互掣肘的管理模式。我国的《“十三五”旅游业发展规划》鼓励各地成立由地方

政府牵头的旅游业发展领导协调机构，以更好地保障行业创新的顺利实施。宁夏旅游业要从景点旅游模式走向全域旅游模式，构建从全局谋划和推进、有效整合区域资源、统筹推进全域旅游的体制和工作格局，形成各部门联动的旅游综合协调管理体制是宁夏发展全域旅游的重要基础支撑点。

（三）找准全域旅游示范区建设的突破点，加快宁夏特色鲜明国际旅游目的地建设

首先，要充分发挥铁路运力的作用，找准快进漫游的突破点。交通是一种最基本的旅游需求，它的运行既是旅游流的扩展因素，也是旅游流的限制性因素。发展旅游提升人流的流动基数和加速人流的流动速度首当其冲，旅游的发达程度与为游客提供一个便捷、舒适的交通系统息息相关。在旅游发达省区和旅游大省，铁路交通发挥着主力军的作用，特别是城际铁路便捷化对本地区旅游发展有着举足轻重的作用。“十二五”时期，宁夏“铁、公、机”大交通格局日益优化，特别是公路和航空客运量增长速度以及客运周转量都明显高于铁路，但宁夏铁路建设发展明显滞后，属于交通发展体系中的短板，从表9中可以看出无论是外联高铁，还是内通动车，与交通发达省区相比，都显著滞后，在很大程度上影响了人流的流动基数和流动的速度，已经成为制约宁夏旅游发展和快进漫游发展理念的关键因素，应加快城轨快速交通，减少无效旅游时间。

《宁夏空间发展战略规划》以及《宁夏回族自治区国民经济和社会发展第十三个五年规划纲要》中，已经在计划重点推进银川联通呼和浩特、兰州、郑州以及乌鲁木齐、西安、青岛等六个方向的高速铁路通道建设，由此外部高铁通道将会形成一个新的格局，但在宁夏境内“十三五”期间还没有修建城际之间动车的规划，特别是在实施全域旅游发展战略背景下，为了加快推进清水河流域丝路文化旅游廊道以及大六盘红色生态度假板块的发展，建议修建银川到固原的城际动车，推动六盘山地区特别是泾源旅游的大发展，突破南部山区旅游发展的瓶颈。在建设国际国内通道联

表9 2011—2015年宁夏各种运输方式完成客运量及增长速度

运输方式	客运量									
	2011年		2012年		2013年		2014年		2015年	
	绝对数（万人）	比上年增长（%）	绝对数（万人）	比上年增长（%）	绝对数（万人）	比上年增长（%）	绝对数（万人）	比上年增长（%）	绝对数（万人）	比上年增长（%）
总计	15145.4	11.4	16389	8.2	17429	6.4	9213.15	10.1	9371.59	1.72
铁路	543	0.7	535	−1.5	594	11.0	656.54	10.5	661.07	0.69
公路	14441	11.8	15666	8.5	16631	6.2	8311.00	9.8	8443.98	1.60
航空	161.4	14.2	187.9	16.4	204	8.7	245.61	20.3	266.55	8.52
运输方式	旅客周转量									
	2011年		2012年		2013年		2014年		2015年	
	绝对数（亿人公里）	比上年增长（%）	绝对数（亿人公里）	比上年增长（%）	绝对数（亿人公里）	比上年增长（%）	绝对数（亿人公里）	比上年增长（%）	绝对数（亿人公里）	比上年增长（%）
总计	133.9	15.3	144.1	7.6	156.5	8.6	146.84	13.6	153.84	4.76
铁路	41.1	24.4	40.9	−0.5	44.5	8.2	48.46	8.9	47.37	−2.26
公路	72.4	10.8	79.7	10.1	85.5	7.3	65.68	12.6	68.04	3.60
航空	20.5	15.2	23.5	14.9	26.4	12.4	32.7	23.6	38.42	17.51

注：表9依据《宁夏回族自治区2011—2015年国民经济和社会发展统计公报》整理而成。

通、区域城乡覆盖广泛的交通体系中，应该把重点旅游目的地和景区的连接联通作为“十三五”交通运输体系建设的重点内容和重点工程。另外，宁夏除了推动旅游交通专业化发展，大力发展旅游专线、旅游干线和旅游直通车之外等，还应大力培育旅游汽车租赁、落地自驾服务等专业服务机构，培育一批专门从事旅游交通的企业和组织；并积极推进游客联程联运，打造“无缝转乘”的无障碍旅游换乘体系，提供一体化的畅游体验等。

其次，要实现投融资机制的新突破。发展全域旅游、融资以及吸引投资，缓解各种旅游项目资金紧缺是关键点。《宁夏全域旅游发展三年行动方案（2016—2018)》中提出以十大工程推进全域旅游发展，这十大工程无论是基础设施建设，还是公共服务体系建设，都需要巨大的资金投入。所以，迫切需要宁夏抓住供给侧改革的机遇，创新投融资体制机制，改革创新旅游投融资模式，拓展旅游业融资渠道，努力开创大众旅游时代宁夏旅游投融资新局面，以适应巨大的资金需求量。因此，旅游产业融资除了利用传统的银行贷款、债券融资、股票融资、政策支持性融资、信托融资等融资渠道之外，要以“旅游＋互联网”金融为切入点，支持有条件的旅游企业进行互联网金融探索，打造旅游投融资新平台；鼓励企业探索建立政府和社会资本合作（PPP）模式的投资、建设、运营旅游平台，推进旅游基础设施建设和公共服务体系建设的PPP等投融资模式，促进投资主体的多元化，培育旅游投融资新主体；吸引国际资本参与重大旅游项目开发，参与公共基础设施建设，拓展旅游业投融资新空间；推进旅游项目产权、经营权、知识产权交易平台建设，促进旅游投资项目资产证券化发展，构建旅游投融资新机制。

再次，要实现旅游外交的新突破。“旅游外交”要求“旅游行业要在国家开放新格局中，主动作为、主动发声，服务国家整体外交，努力开创旅游对外开放新局面”。为积极探索“旅游＋外交”的新突破，构建宁夏大旅游国际合作格局。一是要紧扣“一带一路”倡议，进一步强化中阿旅行商大会的影响力，聚焦新业态、谋划新产品、设计新线路、研究新政策，拓展以“一带一路”为主线的国际旅游市场。二是积极推进境外旅客购物离境退税和国际中转旅客72小时过境免签政策的落地。三是尽快力促阿联酋航空公司开通银川—迪拜—欧洲、美洲等多条国际航线，进而带动更多航空公司开通抵达银川或经停银川的国际航班，逐渐构建全新的现代“空中丝绸之路”。四是依托宁夏国际友好城市网络，进一步扩大宁夏旅游国际交往面。五是在全国旅游外交格局中凸显宁夏中阿旅游发展的特色，让这种特色成为宁夏旅游外交的闪耀亮点，充分彰显宁夏旅游外交的差异化发展态势，推动宁夏旅游外交走向更加活跃的前沿舞台，以新突破开创宁夏旅游对外开放的新局面。

最后，要突破人才支撑瓶颈的制约点。从宁夏旅游业发展现状和趋势看，教育供给、实践和培训的不足是旅游人才短缺的原因。宁夏旅游人才供给明显不足，整个人才队伍处于需大于求的状态，特别是结构性问题比较突出。根据国家旅游局“515”战略规划，未来三年我国每年都将新增旅游从业人员 60 万人，但是旅游人才供给的增长速度远跟不上需求。为适应宁夏全域旅游发展战略，应借力宁夏实施的“旅游人才开发工程”，为旅游业发展提供相应的人才支撑。一是要以前瞻性发展视野，立足宁夏实际，制订旅游人才发展战略规划。结合宁夏旅游产业发展新战略新趋势和人才需求，科学编制规划。切忌大而全的规划，准确把脉不同阶段宁夏旅游发展的特点，以阶段性的紧缺型人才培养为突破口，突出重点和关键领域的人才培养，提高规划的针对性，力争旅游人才发展规划切实管用。如中阿旅游发展领域的紧缺型人才队伍建设。二是要加强应用型和职业教育对旅游人才培养的作用。目前，宁夏旅游业的教育投入分配结构很不合理，教育投资分配比例失衡，技能、技术职业教育所占比例偏少，而高等教育所占比例偏多，旅游职业教育与旅游业发展要求还有很大差距。因此，从适应旅游业发展步伐出发，应大力培养技能型和应用型的旅游人才队伍。积极鼓励和扶持发展民办旅游职业教育学校，积极调整高等教育本科旅游类专业向应用型倾斜，特别是要向旅游新业态、新模式、新技术发展的专业应用型人才培养倾斜。同时，积极创造条件，设立宁夏旅游类高等教育院校。将旅游职业教育纳入旅游业发展规划，设立专项经费支持旅游职业教育改革发展，加大旅游职业教育的经费投入和保障。三是要提高宁夏旅游人才国际化的针对性。与特色鲜明的国际旅游目的地和中阿旅游中转港建设目标相结合，培养与之相匹配的具有宁夏特点的旅游人才队伍。探索建立与阿拉伯国家合作培养旅游人才的机制，拓展海外实习实训渠道，增加旅游人才培养的海外实习机会，推动建立适应中阿旅游中转港目标要求的示范性中阿合作办学机制，提升中阿旅游人才开发的国际化水平。

（四）借力全域旅游发展，开拓入境游市场，加快宁夏特色鲜明国际旅游目的地建设

从旅游业统计口径来看，旅游市场根据游客流动方向的不同，可将旅游市场分为入境游、出境游、国内游三个市场。对任何一个国家、地区来说，旅游市场直接关系到旅游业的经营效益，而入境旅游市场则是一个国家或地区旅游国际化程度的重要判断依据。“十二五”时期，宁夏入境游市场如表 10 所示，虽然旅游外汇收入和海外游人数呈逐年上升趋势，但在旅游总收入和旅游总人数中的占比明显偏弱。目前，入境游市场正处于转型升级的关键期，需要大力开拓。一是目前入境游市场较过去散客更多，团队更小，单项服务增多，入境自由行游客增多，需求碎片化，定制游有所增加，面对入境游客消费需求的新变化，应以境外签证中心、境外旅行社为依托，实现销售前移，为入境游客提供菜单式的旅游服务。市场需求的变化要求旅游供给必须同步甚或超前发展，引领、满足游客的潜在或现实需求。二是借力国家 “一带一路”倡议、中阿经贸论坛等，逐步消除发展的制约因素，加大新兴市场的开发力度。三是加大对入境游的投入，尤其是对线上平台的投入，完善入境旅游电子商务平台建设，并进一步整合线下旅游及接待资源，全面提升服务能力。四是在锁定目标市场并做了深入研究的基础上，以针对性的创新产品，开展目标市场的营销和宣传推广力度，拓展海外营销渠道，提高在国际上的知名度与影响力。

表 10　宁夏“十二五”时期入境游数据一览表

年度	旅游总收入（亿元）	海外旅游收入（万美元）	游客总人数（万人次）	海外游客人数（人次）
2011	84.21	619.57	1169.61	19479
2012	103.39	545.1	1340.89	18994
2013	127.30	1208.31	1820.42	25357
2014	142.70	1848.23	1674.99	33657
2015	161.30	2083.86	1839.48	37315

注：表 10 根据 2011—2015 年《宁夏旅游经济发展统计公报》整理而成。

（五）在全域旅游发展模式推动下，以“智慧旅游”的转型升级，对接旅游服务的国际水平，加快宁夏特色鲜明国际旅游目的地建设

当下，互联网深刻地改变着人们的工作和生活方式，借助互联网获取信息，已经成为全球人日常生活的重要内容，同时也成为人们自助旅游获取酒店、旅游景点、旅游地特色饮食等的离不开的重要工具。有“互联网女皇”之称的 Mary Meeker 于 2016 年 6 月 3 日在美国 Code 大会上发布的 2016 年的互联网趋势报告指出，全球互联网用户数已超 30 亿，比上年增长 9%，互联网全球渗透率达到 42%。印度互联网用户数达到 2.77 亿，比上年增长 40%，超过美国成为全球第二大互联网市场，仅次于中国。中国互联网络信息中心（CNNIC）第 38 次《中国互联网络发展状况统计报告》显示，截至 2016 年 6 月，我国网民规模达到 7.10 亿，手机网民规模达 6.56 亿。庞大的网民数量，成为在线旅游的重要基础，在线旅游已成为旅游发展的重要新生力量。中国旅游研究院发布的《中国旅游集团发展报告 2015》指出，2014 年，在线旅游交易额已达 3077 亿元。互联网和移动互联网正全面改变着旅游的商业模式和创新形态。2014 年上半年，在线业务机票行业的渗透率是 60%～70%，酒店行业的渗透率是 10%～15%，度假产品的渗透率为 3%～5%。近年在线旅游业引领的岁末促销战略，已经改变了人们传统的出游习惯，影响着旅游业淡旺季的格局变化。12 月原本是传统的旅游淡季，然而随着在线旅游业的发展，在每年“双 11”“双 12”在线旅游企业的接连发力下，更低价格的机票、酒店、门票，对消费者有着巨大的吸引力，如今 12 月已逐渐成为人们休假、拼假的密集期，也成为旅游市场岁末出游的高峰期。2015 年，国家旅游局召开了首届“旅游 + 互联网”大会，国家旅游局局长李金早表示，未来 5 年，预计互联网和旅游业融合发展将会带动 3 个 1 万亿元红利。

这些现象和数据说明，互联网信息技术正在推动旅游业的业态创新和产业的重构。因此，宁夏应以智慧旅游推动旅游业的转型升级，加快转变

旅游业的发展方式。以智慧旅游的创新驱动，实现信息共享与协作，催生旅游新业态，改变产业格局，提高旅游的公共服务水平，加快宁夏特色鲜明国际旅游目的地建设，助推宁夏旅游业向旅游强区迈进。一是实现宁夏全程指尖新型旅游形态。通过推动智慧旅游发展，加快信息技术设备在旅游消费、经营服务和组织管理中的应用，让“互联网 +”贯穿出游全程。以手机“摇一摇”可一键购票，微信支付即可进入景区等，让指尖上的新型旅游消费提高出行效率，实现旅游消费方式的升级；以“互联网 + 旅游服务”的发展模式，使景区由传统服务向信息智能化服务转变，变粗放管理为精细化管理，实现以游客为中心的旅游公共服务体系建设的升级；用互联网技术的管理模式，实现旅游企业管理方式的升级；以互联网 + 旅游营销的方式，实现旅游营销的升级等全产业链全方位智慧化，打造宁夏文化旅游业的升级版，如可以借助微文化流行趋势，组织、营销文化旅游等。二是打造宁夏能驰骋海内外的在线旅游企业。在线旅游企业是新技术催生出的新兴文化企业类型，是互联网与旅游融合的结果，是互联网改变了游客消费习惯的结果。在线旅游企业已成为与互联网结合最紧密的旅游分支之一。在线旅游企业的出现为出游者构建了一个平等、方便、快捷、互动的集合化平台，其所拥有庞大的线路及产品信息，为游客提供了便利的产品咨询和订购。技术应用于旅游业，滋生出全新业态，如 OTA、在线租车、在线度假租赁、旅游互联网金融、旅游信用体系等。2015 年 12 月 10 日，在中国旅游协会和中国旅游研究院共同主办的“中国旅游发展论坛”上揭晓了 2015 年中国旅游集团 20 强，携程旅游集团成为中国第一大旅游集团，其他在线旅游企业的排名也有不同程度的提升，去哪儿网由 2014 年的第四跃升至第二，同程则由上年的第九上升至第八。此次旅游集团的全新排名，标志着我国在线旅游全面崛起，反超线下。作为“互联网 + 旅游”的结合体，在线旅游已然颠覆了传统旅游业的格局。《中国旅游集团发展报告 2015》指出，从 2009 年到 2015 年，在线旅游投资次数由

2009年的5次增长到2014年的158次，在线旅游投资额由2009年的1亿元增长到2015年前三季度的772亿元。《中国在线旅游市场趋势预测2014—2017》数据显示，中国在线旅游市场交易规模未来几年将保持稳定增长，2015年将达到3523.8亿元，环比增长25.9%，预计到2017年市场交易规模达到4983.4亿元。这些数字反映了在线旅游业的潜力和发展空间，体现出了旅游业发展的时代特点。目前，宁夏还没有真正意义上的如像去哪儿网、携程旅游集团等这样有实力的在线旅游企业，智慧旅游呈现碎片化的状态，形成不了合力，体现不出实力。成功的在线旅游企业为宁夏旅游业的转型升级提供了范例与模式，新技术的深度应用是旅游业发展的新动力。要提升旅游竞争力，旅游业必须做到高科技的手段与人性化服务理念相结合。宁夏“十三五”时期，打造顺应时代发展潮流的一家具有竞争力的在线旅游企业刻不容缓，以在线企业的培育壮大，形成未来旅游的传统业态与新兴业态相融合、线上操作与线下服务相融合、旅游互联网与互联网旅游相融合，传统企业与互联网企业互补互动发展、共赢的新局面。